C.H.BECK  WISSEN

in der Beck'schen Reihe
2100

Mit „Lernen", „Erinnern" oder „Vergessen" bezeichnen wir Vorgänge, die uns ebenso selbstverständlich erscheinen wie „Essen" oder „Schlafen". Problematisch werden sie für uns erst dann, wenn es uns oder unseren Kindern schwerfällt, etwas zu erlernen, oder wir uns an bestimmte Erlebnisse, Namen oder Termine einfach nicht mehr erinnern können. Irgendwann kommt dann der Punkt, an dem wir beginnen, unsere Vergeßlichkeit zu beklagen. Doch was meinen wir eigentlich, wenn wir sagen, etwas nicht erinnern zu können oder etwas vergessen zu haben?

Die psychologische Forschung beschäftigt sich seit langem mit diesen Vorgängen und hat dabei eine Fülle sehr interessanter Beobachtungen machen können. Wer mehr darüber erfahren will, was wir so schlicht mit „Lernen", „Erinnern" und „Vergessen" bezeichnen, wird in diesem Buch eine Reihe interessanter und überraschender Details kennenlernen.

Dr. *Jürgen Bredenkamp* ist Professor für Psychologie an der Universität Bonn. Seine Forschungsschwerpunkte liegen auf den Gebieten der Gedächtnis-, Sprach- und Wahrnehmungspsychologie.

Jürgen Bredenkamp

LERNEN, ERINNERN, VERGESSEN

Verlag C.H. Beck

Mit 9 Abbildungen und 3 Tabellen

Die Deutsche Bibliothek – CIP-Einheitsaufnahme

Bredenkamp, Jürgen:
Lernen, Erinnern, Vergessen / Jürgen Bredenkamp. –
Orig.-Ausg. – München : Beck, 1998
  (C. H. Beck Wissen in der Beck'schen Reihe, Band 2100)
  ISBN 3 406 43296 4

Originalausgabe
ISBN 3 406 43296 4

Umschlagentwurf von Uwe Göbel, München
© C. H. Beck'sche Verlagsbuchhandlung (Oscar Beck), München 1998
Gesamtherstellung: C. H. Beck'sche Buchdruckerei, Nördlingen
Gedruckt auf säurefreiem, alterungsbeständigem Papier
(hergestellt aus chlorfrei gebleichtem Zellstoff)
Printed in Germany

Inhalt

Zur Einführung

Im Titel dieses Buches werden drei Begriffe genannt, mit denen Sie wohl vertraut sind. Der Begriff „Lernen" weckt Erinnerungen an die Schulzeit. In der Schule haben wir viel gelernt, und einiges davon können wir erinnern. Wir sind etwa in der Lage, Zahlen miteinander zu multiplizieren, und dokumentieren damit, daß wir uns an das, was uns hierzu beigebracht worden ist, erinnern. Möglicherweise erinnern wir uns aber nicht daran, unter welchen Umständen dieser Unterricht stattgefunden und welcher Lehrer ihn erteilt hat. In diesem Fall sprechen wir vom Vergessen.

Die im Titel des Buches genannten Begriffe gehören auch zum Vokabular der Lern- und Gedächtnispsychologie. Dort sind sie aber weiter gefaßt als im Alltag. Ist Ihnen beim Anblick einer leckeren Speise schon einmal das Wasser im Munde zusammengelaufen? Der Psychologe würde von einer erlernten oder klassisch konditionierten Reaktion sprechen, wobei letztere Bezeichnung auf ein spezielles Paradigma zur Untersuchung von Lernvorgängen verweist. Vielleicht erscheint Ihnen das als abwegig, weil die Speichelabsonderung bei dem bloßen Anblick einer Speise mit keiner Anstrengung verbunden ist, die Sie mit dem Lernen verbinden. In der Psychologie ist der Begriff des Lernens aber nicht notwendigerweise mit dem der Anstrengung verbunden. Für sie gibt es auch ein Lernen ohne jede Anstrengung und Absicht.

Wir wollen der Speichelabsonderung noch weitere Beispiele für Lernen hinzufügen, die weit von dem Prototypen des schulischen Lernens abweichen. Erinnern Sie sich, daß Ihr Kind als Säugling manchmal auch dann geschrien hat, wenn es gesund und satt war? Bei dieser Gelegenheit haben Sie es vermutlich auf den Arm genommen und gestreichelt. Erreicht wird dadurch, daß das Kind häufiger weint. Der Lernpsychologe spricht von einer operanten Konditionierung, die Sie mit Ihrem Kind durchgeführt haben. Das Weinen wird belohnt und künftig häufiger ausgeführt, um diese Belohnung zu erhalten. Eine bewußte Absicht braucht dem Säugling nicht unterstellt zu werden. Das Lernen kann sich automatisch vollziehen.

Haben Sie einen Sohn, der in einer Jugendmannschaft Fußball spielt? Verfolgt er die Bundesligaspiele, die im Fernsehen gezeigt werden? Haben Sie entdeckt, daß er während des Spiels genauso ausspuckt oder fällt wie die Profis? Der Psychologe würde davon sprechen, daß die Profis Modelle für Ihren Sohn sind, deren Verhaltensweisen er durch Beobachtung gelernt hat und nachahmt.

Ein letztes Beispiel: Die Aussage „Farblose grüne Ideen schlafen wütend" erscheint Ihnen zwar als sinnlos, aber im Vergleich zu „Grüne schlafen Ideen wütend farblose" als syntaktisch richtig gebildet. Das linguistische Wissen, über das wir verfügen, zeigt sich darin, daß wir korrekte Sätze der deutschen Sprache bilden können, aber dieses Wissen können wir nicht vollständig verbalisieren. Lernpsychologen würden hier davon sprechen, daß die syntaktischen Regeln implizit erlernt worden sind, und diese Regeln erlauben es, die Aussage „Farblose grüne Ideen schlafen wütend" als syntaktisch korrekt gebildet zu erkennen.

Auf die klassische und operante Konditionierung, das Beobachtungs- und implizite Lernen geht das erste Kapitel dieses Buches genauer ein. Besonderer Wert wird dabei auf die Beantwortung der Frage gelegt, was genau gelernt worden ist. Handelt es sich beim Beobachtungslernen zum Beispiel nur darum, daß spezielle Verhaltensweisen von Modellen übernommen werden, oder werden auch Regeln, die dem Modellverhalten zugrunde liegen, erworben? Auf das Beispiel des Fußball spielenden Jungen bezogen geht es also um die Frage, ob durch Beobachtung nicht nur spezielle Verhaltensweisen, sondern etwa auch Regeln wie „Betrug des Schiedsrichters zum Wohle der eigenen Mannschaft" erworben werden können, die bestimmten Verhaltensweisen zugrunde liegen. Die Erörterungen münden in eine Taxonomie der Lernformen, die das Gemeinsame und Unterscheidende verschiedener Beispiele für Lernen behandelt und die Verbindung zu dem zweiten

Kapitel über die Gedächtnispsychologie stiften soll. Für den Nicht-Psychologen wird es überraschend sein zu hören, daß Lern- und Gedächtnispsychologie verschiedene Teilgebiete der Psychologie sind, die wenig miteinander verknüpft worden sind. Im vorliegenden Buch wird viel Wert darauf gelegt, die Bezüge zwischen beiden Disziplinen deutlich werden zu lassen. Vermeiden läßt es sich aber nicht, bei der Darstellung der Gedächtnispsychologie auf andere Beispiele einzugehen als im ersten Kapitel, das die Lernpsychologie behandelt. Der Grund ist einfach der, daß die Lernpsychologie weitgehend andere Paradigmen als die Gedächtnispsychologie verwendet hat. Die Taxonomie soll helfen, die trotz dieser Unterschiede bestehenden Verbindungen deutlich zu machen.

Die Begriffe „Erinnern" und „Vergessen" gehören zur Gedächtnispsychologie. Im Alltag verbinden wir mit dem Begriff des Erinnerns häufig die Fähigkeit zum Reproduzieren. Wir erinnern einen Namen, wenn wir ihn reproduzieren können. Fällt uns der Name nicht ein, so haben wir ihn vergessen. In der Psychologie ist der Begriff des Erinnerns weiter gefaßt. Können Sie den Namen des Autors dieses Buches reproduzieren? Schlagen Sie nicht nach, während Sie diese Zeilen lesen, sondern versuchen Sie, meinen Namen unter den beiden angebotenen Bredenfeld und Bredenkamp wiederzuerkennen. Ist Ihnen das gelungen, obwohl Sie meinen Namen nicht reproduzieren konnten? In diesem Fall hätten Sie meinen Namen erinnert, ohne ihn reproduzieren zu können. In der wissenschaftlichen Literatur gibt es viele Belege dafür, daß ein Verfahren der Gedächtnisprüfung keinen Gedächtnisbesitz anzeigt, während ein anderes Verfahren genau die gegenteilige Information liefert.

Sofern irgendein Verfahren gefunden wird, das im Unterschied zu anderen Prüfungen Gedächtnisbesitz anzeigt, spricht das auch dafür, daß erinnert wird, selbst dann, wenn Menschen sich dieses Erinnerns nicht bewußt sind. Der Begriff des Erinnerns ist in der Gedächtnispsychologie nicht an eine bestimmte Methode der Gedächtnisprüfung gebunden. Diese Feststellung wirft Probleme für den Begriff des Vergessens auf.

Im Alltag sprechen wir davon, daß wir einen Namen vergessen haben, wenn wir ihn nicht reproduzieren können. Aber andere Verfahren der Gedächtnisprüfung können aufzeigen, daß er zwar behalten worden ist, jedoch nicht reproduzierbar war. Wenn sich nicht alle denkbaren Verfahren der Gedächtnisprüfung, von denen das zweite Kapitel einige behandelt, anwenden lassen, können wir auch nicht sicher sein, daß etwas vergessen worden ist, nachdem alle bisher angewandten Methoden keinen Gedächtnisbesitz anzuzeigen scheinen. Was also soll es heißen, daß wir etwas vergessen haben? Mit dieser Frage und weiteren Problemen ist das zweite Kapitel befaßt.

Gegenstand des vorliegenden Buches sind die Lern- und Gedächtnispsychologie. Entsprechend der Zeitabfolge der Informationsverarbeitung behandelt es im ersten Kapitel die Lern- und im zweiten Kapitel die Gedächtnispsychologie: Gedächtnisbesitz setzt ein vorangegangenes Lernen voraus.

Bezug genommen wird vor allem auf experimentelle Resultate. Das Experiment in der Psychologie ist eine Methode, die der Kontrolle von Fehlern dient, welche die Forschungsresultate beeinflussen können. Diese Kontrolle ist nicht Selbstzweck, sondern sie dient dazu, Hypothesen und Theorien vor falschen Bestätigungen oder Widerlegungen zu schützen. Wichtig ist dies, weil Theorien für die Erklärung von Sachverhalten benötigt werden, und die Erklärung ist das vornehmliche Ziel einer empirischen Wissenschaft wie der Psychologie. Die Frage, inwieweit sich die experimentalpsychologische Lern- und Gedächtnisforschung zur Lösung praktischer Probleme *anwenden* läßt, ist für den Wissenschaftler sekundär, dennoch aber natürlich bedeutsam. Deshalb werden im ersten Kapitel insbesondere – aber nicht ausschließlich – Anwendungsbezüge der experimentellen Lernpsychologie für die Analyse und Veränderung gestörten Verhaltens im klinischen Bereich behandelt, und das zweite Kapitel befaßt sich neben der Darstellung der experimentellen Gedächtnispsychologie auch mit deren Anwendungsmöglichkeiten.

Vieles, was zur Lern- und Gedächtnispsychologie gehört, kann hier nur gestreift werden, manches mußte völlig weggelassen werden. Ich werde im Text auf Lehrbücher und Monographien verweisen, die bestimmte Aspekte ausführlicher behandeln, als es hier möglich ist. Völlig ausgespart bleiben die neuroanatomischen und -physiologischen Grundlagen des Lernens und Gedächtnisses. Um diese Lücken zu schließen, eignet sich das Lehrbuch „Biologische Psychologie" von Birbaumer und Schmidt (1991, Kapitel 27). Vielfach mußte auf englischsprachige Publikationen zurückgegriffen werden. Ein Großteil der Forschungen ist in englischer Sprache publiziert. Wenn möglich, habe ich aber Übersetzungen englischsprachiger Artikel und Bücher ins Deutsche zitiert. Durchgängig habe ich, wenn über Ergebnisse berichtet wird, die an Versuchspersonen ermittelt wurden, die Abkürzungen Vp (Singular) und Vpn (Plural) benutzt. In Kapitel 2 werden durchgängig die Abkürzungen KZS für *Kurzzeitspeicher* und LZS für *Langzeitspeicher* verwendet.

Der Verfasser dankt Dr. Edgar Erdfelder, Prof. Dr. Joachim Funke, stud. phil. Susanne Thalemann, Dr. Bianca Vaterrodt-Plünnecke und Dr. Stephan Meyer vom Verlag C. H. Beck herzlich für das sorgfältige und kritische Lesen der Erstfassung des Manuskriptes. Ihren Veränderungsvorschlägen bin ich größtenteils gefolgt.

Bonn, im Frühjahr 1998   *Jürgen Bredenkamp*

1. Lernen

Im folgenden werden einige Paradigmen der Lernpsychologie behandelt, die ihren Gegenstandsbereich allerdings nicht ausschöpfen. Sie sollen einen Einblick in die psychologische Lernforschung geben und dazu dienen, eine Definition des Lernens zu finden, die alle Beispiele umfaßt. Überraschend für den Nicht-Psychologen dürfte die Vielzahl tierexperimenteller Untersuchungen im Bereich der Lernpsychologie sein. Ich versuche, dies vor allen weiteren Erläuterungen verständlich zu machen. Anfang dieses Jahrhunderts begründete John Broadus Watson eine Richtung der Psychologie, die *Behaviorismus* genannt wird. „Die Psychologie, wie der Behaviorist sie sieht, ist ein rein objektiver experimenteller Zweig der Naturwissenschaften [...]. Introspektion ist kein wesentlicher Bestandteil ihrer Methoden [...]. Der Behaviorist anerkennt in seinem Bestreben, ein einheitliches Schema tierischer Reaktionen zu erlangen, keine Trennungslinie zwischen Tier und Mensch. Das Verhalten des Menschen bildet nur einen Teil des gesamten Forschungsgebietes des Behavioristen" (Watson, 1913; zitiert nach Sanders, 1978, S. 47). Vor Watsons Zeit spielte das Bewußtsein als Gegenstand der Psychologie und die Introspektion (Selbstbeobachtung) als Methode zur Erforschung dieses Gegenstandes eine gewichtige Rolle. Gegen diese Methode ist viel eingewendet worden. Watson macht Verhalten zum Gegenstand der Psychologie und kann deshalb auf diese Methode verzichten. Zugleich kommt in dem obigen Zitat das Vertrauen in die Evolutionstheorie von Darwin zum Ausdruck: Die am Tier erforschten Gesetzmäßigkeiten des Verhaltens gelten auch für den Menschen, da es keine Trennungslinie zwischen Tier und Mensch gibt. Diese Frage der Allgemeingültigkeit ist ein empirisches Problem, und vorweg sei festgestellt, daß die im Tierversuch gefundenen lernpsychologischen Resultate eine wichtige Richtung der Psychotherapie, die Verhaltenstherapie, wesentlich mitbegründet haben. In einem neuen Lehrbuch der Verhaltenstherapie stellt Ehlers (1996,

S. 54) fest: „Die Geschichte der Verhaltenstherapie ist besonders eng mit der Psychologie des Lernens verknüpft. Die experimentellen Befunde zur klassischen und operanten Konditionierung bildeten die Grundlage von Modellen zur Entstehung psychischer Störungen und von neuen Interventionsmethoden. Zusätzlich finden die Prinzipien des Modellernens [...] Berücksichtigung." Zur klassischen und operanten Konditionierung schreiben Pauli, Rau und Birbaumer in demselben Lehrbuch: „Beide Lernformen sind die zentralen Bausteine der Verhaltenstherapie..." (Pauli, Rau & Birbaumer, 1996, S. 67). Wie an dieser Stelle ausdrücklich festgestellt werden soll, ist der Großteil der Konditionierungsforschung an Tieren durchgeführt worden.

Wir können uns hier nicht mit Watson auseinandersetzen. Unabhängig von der Bewertung der Argumente, mit denen Watson den Behaviorismus begründete, bleibt die Tatsache bestehen, daß viele Psychologen ihm aus methodischen Gründen gefolgt sind und insbesondere das Lernen in den Paradigmen der klassischen und operanten Konditionierung, auf die gleich eingegangen wird, tierexperimentell untersucht haben. Daß das Lernen so häufig untersucht wurde, dürfte wiederum mit dem evolutionstheoretischen Standpunkt der Forscher zu tun haben. Lernen dient der Anpassung eines Lebewesens an die Bedingungen seiner Umwelt und damit letztendlich der Überlebensfähigkeit einer ganzen Art. Tierexperimentelle Befunde, die in den Paradigmen der klassischen und operanten Konditionierung erzielt wurden, konnten auch bei Menschen erzielt werden und haben, wie schon festgestellt, die Verhaltenstherapie mitbegründet.

Zunächst soll also die Konditionierungsforschung dargestellt werden. Dann folgen andere Beispiele für Lernen, denen überwiegend (Beobachtungs- oder Modellernen) oder ausschließlich (implizites Lernen) Forschungen am Menschen zugrunde liegen. Mit diesen Beispielen wird dem Tatbestand Rechnung getragen, daß Lernen auch in Paradigmen untersucht worden ist, die in der Tierpsychologie kaum oder gar nicht verwendet werden. Ob in diesen unterschiedlichen Paradigmen auch unterschiedliche Prozesse des Lernens untersucht werden, ist eine Frage, auf die noch einzugehen ist.

Im folgenden wird anhand von vier Beispielen vorgestellt, wie Lernen untersucht wurde. Erst dann wird Lernen definiert, und zu den gegebenen Beispielen werden einige sie berührende zentrale Forschungsthemen behandelt. Im Anschluß an diese Ausführungen werden verschiedene Lernformen unterschieden, und die vorher behandelten Beispiele werden in die vorgeschlagene Taxonomie eingeordnet. Diese Taxonomie soll auch eine Einordnung jener Lernformen ermöglichen, die der Untersuchung des Gedächtnisses zugrunde liegen.

1.1 Beispiele für lernpsychologische Untersuchungen

a) Klassische Konditionierung

Zur klassischen Konditionierung benötigt man einen unbedingten Reiz, der eine unkonditionierte Reaktion auslöst, sowie einen neutralen Reiz, der diese Reaktion nicht auslöst. Mehrere Male wird in einem Experiment der neutrale kurz vor dem unbedingten Reiz dargeboten. Danach wird geprüft, ob die Reaktion in Gegenwart des neutralen Reizes auftritt. Ist dies der Fall, heißt der ehemals neutrale Reiz jetzt der konditionierte oder bedingte Reiz und die in seiner Gegenwart auftretende Reaktion die konditionierte Reaktion. Unkonditionierte und konditionierte Reaktionen sind nicht identisch, sondern nur ähnlich. Daß der neutrale Reiz während des Experiments zum Auslöser einer der unbedingten Reaktion ähnlichen Reaktion geworden ist und damit eine Eigenschaft erworben hat, die vor dem Versuch nicht gegeben war, wird auf einen Lernprozeß zurückgeführt.

Das beschriebene Paradigma geht auf den russischen Physiologen Iwan Petrowitsch Pawlow zurück, der mit Hunden experimentiert hat. In seinen Versuchen war der unbedingte Reiz „Futter im Maul", der die unkonditionierte Reaktion „Speichelabsonderung" auslöst. Neutraler Reiz war ein akustisches Signal. Unkonditionierte und konditionierte Reaktion sind einander nur ähnlich, weil quantitative Unterschiede beispielsweise hinsichtlich der abgesonderten Speichelmenge zwischen beiden Reaktionen bestehen.

Ein anderes berühmt gewordenes Experiment von Watson und Rayner (1920) verdeutlicht, daß phobische Furchtreaktionen auf neutrale Reize per klassischer Konditionierung ausgebildet werden können. Die Versuchsperson (Vp) war ein Junge im Alter von 9 Monaten. Der unbedingte Reiz in dieser Untersuchung war ein plötzliches lautes Geräusch, das Furchtreaktionen auslöste; neutraler Reiz war eine weiße Ratte, die diese Reaktion vor dem Experiment nicht auslöste. Nach dem Experiment traten Furchtreaktionen in Gegenwart der Ratte auf, obwohl diese das Kind niemals gebissen hatte. Wichtig ist der Befund, daß die konditionierte Reaktion auch auf Reize hin auftritt, die dem konditionierten Reiz ähnlich sind. In diesem Fall spricht man von einer *Reizgeneralisation*, die sich in dem Experiment durch das Auftreten der Furchtreaktionen auf pelzige Gegenstände manifestiert. Eine Auslöschung dieser Reaktionen konnte in dem Experiment wegen des Umzugs der Mutter nicht versucht werden. Die Auslöschung (*Extinktion*) einer konditionierten Reaktion geschieht, indem der konditionierte Reiz oftmals dargeboten wird, ohne daß ihm der unbedingte Reiz noch folgt. Heutige Ethik-Kommissionen zur Bewertung von Forschung würden ein derartiges Experiment nicht mehr zulassen. Es hat aber eine Untersuchung von Mary Cover Jones (1924) angeregt, in der gezeigt wurde, wie eine Tierphobie durch Anwendung lernpsychologischer Prinzipien beseitigt werden kann.

b) Operante Konditionierung

Bei der klassischen Konditionierung ist der Auslöser der unbedingten Reaktion genau bekannt. Wenn es um die Modifikation der Auftrittshäufigkeit eines Verhaltens geht, dessen Auslöser nicht bekannt ist, spricht man von einer operanten Konditionierung. Derartige Verhaltensweisen hat Skinner (1953), der zahlreiche operante Konditionierungsexperimente vor allem an Tauben durchgeführt hat, „operants" genannt. Diese Bezeichnung soll verdeutlichen, daß das Verhalten auf die Umwelt einwirkt und Konsequenzen produziert, die in operanten Konditionierungsexperimenten „*Verstärker*" heißen. Wenn der Ausübung eines bestimmten Verhaltens, beispielsweise der Anhebung des Kopfes durch die Taube, immer die Vergabe von Nahrung folgt, dann tritt es pro Zeiteinheit häufiger als vor dem Versuch auf. Die Vergabe der Nahrung bekräftigt also das Verhalten.

Dieses Beispiel steht für die positive Bekräftigung (synonym: Verstärkung). *Positive* Verstärker sind nach Skinner Reize, deren *Präsentation* die Häufigkeit eines vorausgegangenen Verhaltens je Zeiteinheit erhöht. *Negative* Verstärker sind dagegen Reize, deren *Entfernung* die Häufigkeit eines vorausgegangenen Verhaltens erhöht. Operante Konditionierungsversuche mit negativem Verstärker werden auch „Fluchttraining" genannt. Im Alltag entspricht die übermäßige Einnahme schmerzlindernder Mittel dem Ergebnis eines Fluchttrainings: Der Einnahme der Tabletten folgt die Reduktion des Schmerzes, die sich negativ bekräftigend auswirkt.

Eine weitere Form der operanten Konditionierung ist das Bestrafungstraining, das die *Präsentation* eines negativen Verstärkers nach einem Verhalten vorsieht. Die Auftrittshäufigkeit des Verhaltens verringert sich: Übelkeit und Kopfschmerzen nach übermäßigem Alkohol- oder Zigarettenkonsum führen wenigstens eine Zeitlang zu größerer Enthaltsamkeit. Hier liegt ein verhaltenstherapeutisches Nutzungspotential vor. Skinner spricht noch in einem zweiten Fall von Bestrafung: Ein positiver Verstärker, der einem Verhalten eine Zeitlang gefolgt ist, wird nicht weiter gewährt. Diese Prozedur führt zur Auslöschung des Verhaltens. Mit diesen beiden Bedeutungen von Bestrafung sind auch wichtige Teile der klinisch-psychologischen Depressionsforschung verbunden. So sind sozialer Rückzug und mangelnde Aktivität depressiver Patienten auf den Verlust von Verstärkern zurückgeführt worden. Außerdem führt die Applikation von negativen Verstärkern unabhängig vom gerade ablaufenden Verhalten zur generellen Unterdrückung motorischen Verhaltens (vergleiche Kapitel 1.3). Diese wird als Voraussetzung der sogenannten Hilflosigkeit, mit der Depressionen in Zusammenhang gebracht werden, angesehen. Später wird zu den hier kurz erwähnten Arten der operanten Konditionierung und ihrer klinisch-psychologischen Bedeutung mehr zu sagen sein.

c) Beobachtungslernen

Ein prototypisches Beispiel für die Untersuchung des Beobachtungs- oder Modellernens ist das Experiment von Albert Bandura (1976 b), an dem Kinder im Alter von dreieinhalb bis sechs Jahren als Vpn teilnahmen. Gezeigt wurde ihnen ein Film, in dem ein Erwachsener (Rocky) eine im Wege stehende Puppe angriff und beschimpfte. Die Kinder waren in drei Gruppen aufgeteilt worden, für die der Ausgang des Filmes unterschiedlich war. In einer Version des Filmes wurde Rocky durch einen anderen Erwachsenen belobigt und mit Süßigkeiten beschenkt. Bandura spricht hier von einer stellvertretenden Verstärkung. Eine andere Version zeigte, wie Rocky durch den anderen Erwachsenen getadelt und mit einer zusammengerollten Zeitung geschlagen wurde (stellvertretende Bestrafung). In der dritten Bedingung blieb Rockys Verhalten folgenlos (Kontrollbedingung).

Nach dem Anschauen des Filmes wurden die Kinder einzeln in ein Spielzimmer geführt, in dem sich die Gegenstände befanden, die in dem Film zu sehen gewesen waren, also eine Puppe und Gegenstände, mit denen Rocky die Puppe traktiert hatte. Außerdem befanden sich in diesem Spielzimmer noch andere Gegenstände. Jedes Kind wurde unter einem Vorwand 10 Minuten allein gelassen und konnte nachahmende sowie nicht-imitative Verhaltensweisen ausführen, die durch zwei verborgene Beobachter registriert wurden. Unter der Bedingung der stellvertretenden Bestrafung wurde am seltensten, unter der Bedingung der stellvertretenden Belohnung am häufigsten imitiert. Dieses Ergebnis spiegelt allerdings nicht wider, wieviel aus der Beobachtung des Modells Rocky gelernt wurde. Nach Ablauf der 10 Minuten wurde nämlich jedes Kind ermuntert, so viele Verhaltensweisen Rockys wie möglich zu zeigen. Für die Ausführung wurden die Vpn belohnt (direkte Verstärkung). Das Ergebnis war, daß in allen Gruppen die Häufigkeit der Nachahmungen anstieg. Zwischen den Gruppen bestand nun kein Unterschied mehr.

Bandura hat selbst darauf hingewiesen, daß das Modell für den Beobachter *neue* Verhaltensweisen vormachen muß, damit von einem Lernen gesprochen werden kann. Diese Voraussetzung scheint in seinem Experiment vorzuliegen. Andernfalls hätte es sich um eine Untersuchung der Enthemmung von schon vor dem Experiment erlernten Verhaltensweisen gehandelt. Interessant im Hinblick auf die noch zu behandelnde Definition des Lernens ist Banduras Experiment insofern, als sich hier zeigt, daß *ohne Verstärkung* gelernt worden ist; denn diese wurde erst nach der Beobachtung des Modells gewährt. Da die direkte Verstärkung zum Anstieg nachahmenden Verhaltens führte, ohne daß eine weitere Gelegenheit zum Lernen gegeben wurde, handelt es sich bei ihr um eine motivationale Bedingung für die Umsetzung des Gelernten in Verhalten. Offensichtlich war mehr gelernt worden, als sich in den Verhaltensweisen der Kinder vor der direkten Verstärkung zeigte.

Das Beobachtungslernen ist von großer Bedeutung für das soziale Lernen (McLaughlin, 1971). Damit ist der Erwerb von Werten, Überzeugungen und Anschauungen gemeint, die in einer Gesellschaft oder sozialen Gruppe vorherrschen. Für die Verhaltenstherapie ist der Nachweis wichtig, daß Furchtreaktionen nicht nur per klassischer Konditionierung auf neutrale Reize hin ausgebildet, sondern auch durch die Beobachtung furchtsamer Modelle erworben werden können (Mineka & Cook, 1993). Verhaltenstherapeutische Anwendungsmöglichkeiten des Beobachtungslernens behandelt Bauer (1979).

d) Implizites Lernen

Der Begriff „Implizites Lernen" wurde von Arthur S. Reber (1967) eingeführt. Implizites Lernen ist für ihn durch zwei

Komponenten charakterisiert. Der Erwerb des Wissens geschieht beiläufig, ohne Absicht, und die Prozesse in der Lernphase führen zu einer nicht bewußten Wissensbasis. Ich werde auf diese Begriffsbestimmung noch genauer zurückkommen. Zunächst soll das implizite Lernen anhand des Erwerbs einer sogenannten finiten Grammatik erläutert werden, wie sie Abbildung 1 illustriert. Eine finite Grammatik ist durch eine endliche Zahl von Zuständen charakterisiert (die Kreise in Abbildung 1), die durch Pfeile miteinander verknüpft sind. An den Pfeilen stehen Buchstaben. Um eine grammatikalisch richtige Buchstabensequenz zu erzeugen, startet man bei dem ersten Zustand und folgt den Pfeilen, bis man den Ausgang aus dem Netz erreicht hat. Vor dem Erreichen jedes neuen Zustands wird der Buchstabe notiert. Die resultierende Buchstabensequenz ist dann grammatikalisch richtig gebildet. Beispiele für derartige Sequenzen sind VLX, MXXXTM oder VTXPRX, während MTTM und VLPX nicht zur Grammatik gehören. In typischen Untersuchungen zum impliziten Lernen werden den Vpn grammatikalisch richtige Sequenzen vorgelegt, die memoriert (wiederholt) und reproduziert werden sollen. Später werden die Vpn über die Regelhaftigkeit informiert, ohne aber über die Regeln selbst aufgeklärt zu werden. Unerwartet kommt für sie die Aufgabe, neue vorher nicht gesehene Buchstabenfolgen auf ihre Grammatikalität hin beurteilen zu müssen. Diese Beurteilung gelingt so häufig richtig, daß ein Raten auszuschließen ist.

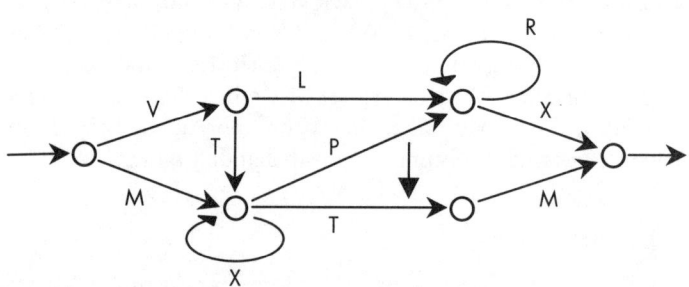

Abb. 1: Darstellung einer finiten Grammatik

Dennoch können die Vpn oftmals keine Angaben darüber machen, welcher Regeln sie sich bedient haben. Die *Dissoziation* zweier Maße – hier der gelingenden Klassifikation zulässiger und falscher Sequenzen einerseits und die fehlende Mitteilbarkeit der Regeln andererseits – ist auch in der Wahrnehmungs- und Gedächtnispsychologie eine Voraussetzung dafür, um von impliziten Prozessen sprechen zu können. Die Interpretation derartiger Dissoziationen für eine unbewußte Informationsverarbeitung unterliegt Voraussetzungen, die später behandelt werden.

Das hier vorgestellte Untersuchungsbeispiel ist potentiell von hoher Relevanz für die Klärung der Frage, wie Sprache erworben wird. Wir sind in der Lage, Wortfolgen als syntaktisch richtig oder falsch zu klassifizieren. Das dazu benötigte Wissen ist oftmals nicht verbalisierbar. Dieses Wissen kann, wie der amerikanische Linguist Noam Chomsky argumentiert hat, nicht aufgrund einer operanten Konditionierung erworben worden sein. Auch das Modellernen dürfte ausscheiden. Bandura (1976a) verweist zwar ausdrücklich darauf, daß viele Experimente den Erwerb der Regel, die das Modellverhalten leitet, demonstriert haben, und er bezieht sich ausdrücklich auch auf linguistische Regeln. Dennoch sind, was den Spracherwerb angeht, Zweifel angebracht. Beispielsweise verweist Crystal (1995) darauf, daß unregelmäßige Präteritumsformen wie *aß* und *rief* in einer bestimmten Entwicklungsphase zu *eßte* und *rufte* werden. Diese Fehler sind regelgeleitet und können nicht durch Nachahmung erworben worden sein. Möglicherweise ist das Regelwissen aber implizit erlernt worden (vergleiche Weinert, 1991). Inwieweit eine derartige Annahme im Widerspruch zur Grammatiktheorie von Chomsky (vergleiche dazu Crystal, 1995) steht, bleibt noch zu klären (vergleiche dazu auch Kapitel 2.4). Chomsky hat ein Regelsystem ausgearbeitet, aus dem sich alle syntaktisch korrekt gebildeten Sätze einer Sprache ableiten lassen. Seine Grammatik greift auf abstrakte Prinzipien zurück, die als universelle Eigenschaften von Sprache aufgefaßt werden. Sie sind nach Chomsky biologisch notwendig und insofern angeboren.

Diesen nativistischen Standpunkt, den auch andere Forscher teilen, führt Reber (1989) darauf zurück, daß die Frage, wie implizites Wissen erworben wird, lange Zeit vernachlässigt wurde.

1.2 Definition des Lernens

Das Beispiel des Beobachtungslernens verdeutlicht, daß Lernen nicht mit einer wie auch immer bedingten *Verhaltensänderung* gleichgesetzt werden sollte. Das Experiment von Bandura (1976 b) zeigt, daß nicht alles, was erlernt wird, auch spontan in Verhalten umgesetzt wird. Kimble (1961) definierte Lernen als relativ überdauernde Änderung einer *Verhaltensmöglichkeit*, die auf eine bekräftigte Übung zurückzuführen ist. Diese Definition enthält verschiedene Komponenten, auf die kurz eingegangen werden soll. Wenn von der Änderung einer Verhaltensmöglichkeit gesprochen wird, wird das Lernen auf nicht beobachtbare Vorgänge bezogen. Die Definition läßt zu, daß gelernt wird, ohne daß sich das Gelernte im Verhalten zeigt. Die Änderung soll auf eine Übung zurückgeführt werden können. Damit sollen Änderungen der Verhaltensmöglichkeit ausgeschlossen werden, die etwa auf altersbedingte physiologische Veränderungen zurückzuführen sind. Außerdem wird die Verstärkung als Bedingung des Lernens angesehen, und die Veränderung der Verhaltensmöglichkeit soll relativ überdauernd sein, so daß momentane Änderungen, die etwa auf sich ändernde Motivationen zurückzuführen sind, ausgeschlossen werden.

Bezüglich der Komponenten „Übung" und „Verstärkung" erscheint Kimbles Definition heute nicht mehr als zweckmäßig, wenn damit *notwendige* Bedingungen gemeint sind. In diesem Fall könnte ein Lernen ohne Übung bzw. Verstärkung nicht stattfinden. Das Beispiel des Beobachtungslernens zeigt aber, daß neue Verhaltensweisen auch ohne Übung und Verstärkung erworben werden können. Wenn das implizite Lernen wirklich zu einem abstrakten Regelwissen führen sollte, worauf noch einzugehen ist, wäre es ein weiteres Beispiel für ein Lernen ohne Übung, da diese sich nicht auf die Regeln bezieht. Bezüglich der Definition des Lernens erscheint es zweckmäßiger, mit der Übung und Beobachtung zwei hinreichende Bedingungen für die Änderung einer Verhaltensmöglichkeit zu benennen und die Verstärkung nicht zum Bestandteil der Definition zu machen. Hinreichend sind diese Bedingungen, wenn sie die Änderung der Verhaltensmöglichkeit nach sich ziehen. Die Verstärkung dagegen ist eine motivationale Bedingung für die Umsetzung des Gelernten in Verhalten.

Diese Darlegungen sollen im folgenden durch die Darstellung ausgewählter Forschungsbefunde zu den Paradigmen ergänzt werden, die schon behandelt worden sind. Die Auswahl geschieht selektiv im Hinblick darauf, *was* erlernt wird. Eine vollständigere Behandlung der Forschungsbefunde zur Konditionierung und zum Beobachtungslernen findet sich bei Bredenkamp und Wippich (1977a). Das implizite Lernen behandeln ausführlich Berry und Dienes (1993).

1.3 Ausgewählte Forschungsbefunde

a) Klassische Konditionierung

Im folgenden wird auf die Frage eingegangen, inwieweit die Kontiguität des konditionierten und unkonditionierten Reizes als eine hinreichende und/oder notwendige Bedingung für die Konditionierbarkeit angesehen werden kann. Mit Kontiguität ist das gemeinsame Auftreten beider Reize in einem kleinen Zeitintervall gemeint.

Gegen die Hypothese einer notwendigen Bedingung sprechen Untersuchungen zum *biologisch vorbereiteten Lernen*. Die tierexperimentellen Befunde zeigen, daß eine Magenerkrankung, erzeugt beispielsweise durch die Injektion von Apomorphin, das zum Erbrechen führt, mit dem Geschmack eines vorher genossenen Getränks oder einer Speise und nicht mit einem Ton, der während des Trinkens oder Essens präsent war, assoziiert wird. Diese Verbindung zwischen zwei internen Reizen wird auch dann gestiftet, wenn das Zeitintervall sehr lang ist. Die Forschungen zeigen, daß nicht beliebige Reize miteinander assoziiert werden können, sondern daß Organismen auf die Verknüpfung zweier interner oder zweier externer Reize vorbereitet sind. Die Verknüpfung interner Reize über lange Zeiträume ist biologisch gesehen adaptiv. Wenn ein Tier die spätere Erkrankung mit dem Genuß der verdorbenen Speise und nicht mit zufällig präsenten externen Reizen verknüpft, führt das zur künftigen Meidung der Speise. Biologisch vorbereitet scheint auch das Lernen phobischer Angstreaktionen zu sein. Diese treten auf bestimmte Reize hin auf (beispielsweise geschlossene Räume, Spinnen), während gefährlichere Reize (Autos, Steckdosen) selten zum Gegenstand einer Phobie werden. Auch die Aversion gegen bestimmte Nahrungsmittel, die Krebskranke vor der Durchführung von Chemo- oder Bestrahlungstherapien genossen haben, wird auf ein biologisch vorbereitetes Lernen zurückgeführt (Pauli et al., 1996). Beide Therapieformen führen häufig zu Übelkeit und Erbrechen.

Die Forschungsergebnisse zeigen, daß ohne Kontiguität zwei Reize miteinander verbunden werden können. Insofern ist sie keine notwendige Bedingung für die Konditionierbarkeit. Da diese auch dann nachzuweisen ist, wenn beide Reize nur einmal, getrennt durch ein langes Zeitintervall, zusammen auftreten, liegt ein weiteres Beispiel für ein Lernen ohne Übung vor. Eine interessante ökopsychologische Anwendung dieses Lernens behandeln Gustavson, Garcia, Hankins und Rusiniak (1974). Sie vergifteten das von Coyoten bevorzugte Lammfleisch und gaben ihnen später die Gelegenheit, Lämmer zu reißen. Die Coyoten aber mieden die Lämmer. Ihre Aversion war spezifisch auf Lammfleisch ausgerichtet. Der Bestand an Lämmern also kann ohne Vernichtung des Räubers aufrechterhalten werden. Meines Wissens sind in Deutschland Überlegungen im Kontext des biologisch vorbereiteten Lernens (etwa bezüglich des Kormorans, der in den Seen Schleswig-Holsteins fischt), bisher nicht angestellt worden, um ökologische Probleme zu lösen.

Ist die Kontiguität von bedingtem (CS) und unbedingtem Reiz (US) hinreichend für die Konditionierbarkeit? Falsch wäre diese Hypothese dann, wenn trotz des Vorliegens der Kontiguität eine Konditionierung nicht nachgewiesen werden kann. Tabelle 1 zeigt zwei unterschiedliche Realisierungen der Kontiguität.

Tab. 1: Unterschiedliche Realisierungen der Kontiguität.
Die Zahlen in der Tabelle geben absolute Häufigkeiten wieder.

| | (a) | | | (b) | |
	CS	kein CS		CS	kein CS
US	30	0	US	30	36
kein US	0	60	kein US	20	24

In beiden Fällen sind CS und US je dreißigmal in einem kleinen Zeitintervall zusammen aufgetreten. In Teil (a) der Tabelle 1 vermittelt der bedingte Reiz (CS) aber die Information, daß der unbedingte Reiz (US) folgen wird, weil dessen relative Auftrittshäufigkeit in Gegenwart des CS (100 %) größer als bei Absenz des CS ist (0 %). In Teil (b) der Tabelle 1 vermittelt der bedingte Reiz diese Information nicht. In 30 von 50 Fällen, also 60 % aller Versuche, in denen der bedingte Reiz dargeboten wird, folgt ihm der unbedingte Reiz. In 36 von 60 Versuchen, also ebenfalls 60 % aller Versuche, in denen CS nicht erscheint, wird der unbedingte Reiz dargeboten. In diesem Fall vermittelt der bedingte Reiz keine Information darüber, ob ihm der unbedingte Reiz folgen wird. Den Befunden Rescorlas (1972) zufolge tritt eine Konditionierung nicht auf, wenn der bedingte Reiz keine Information darüber vermittelt, ob ihm der unbedingte Reiz folgt, obwohl die Kontiguität vorliegt. Dieses Resultat ist oftmals gefunden worden. Allerdings treten Befunde, die für Rescorlas Informationshypothese und gegen die Kontiguität als hinreichende Bedingung sprechen, nicht bei allen bisher untersuchten wirbellosen Tieren auf (Krasne & Glanzman, 1995). Es erscheint also möglich, daß im gleichen Paradigma unterschiedliche Arten nach verschiedenen Prinzipien lernen. Für Wirbeltiere scheint die

Kontiguität keine hinreichende und auch keine notwendige Bedingung für die Konditionierbarkeit zu sein.

Wir haben absichtlich von Bedingungen der Konditionierbarkeit und nicht des Lernens gesprochen. Lernen kann stattgefunden haben, ohne daß es sich im Verhalten manifestiert. Wenn sich in dem Fall, daß der konditionierte Reiz keine Information über das kommende Ereignis vermittelt, keine Konditionierung nachweisen läßt, kann trotzdem ein Lernen stattgefunden haben, das sich anders manifestiert. Am Beispiel der Hilflosigkeit werden wir darauf zurückkommen.

b) Operante Konditionierung

Im Bereich der klassischen Konditionierung sprechen die an Wirbeltieren erzielten Ergebnisse dafür, daß Erwartungen gelernt werden. Wenn der bedingte den unbedingten Reiz wenigstens bis zu einem gewissen Grad erwarten läßt, bildet sich eine konditionierte Reaktion aus. Sprechen die Befunde auch dafür, daß beim operanten Konditionieren Erwartungen ausgebildet werden?

In dem einfachsten Versuch wird ein bestimmtes Verhalten jedes Mal positiv bekräftigt. Die Verstärkungsrate für dieses Verhalten beträgt also 100 %. Nicht verstärkt wird, wenn das Verhalten nicht ausgeführt wird: Die Verstärkungsrate beträgt hier 0 %. Bei dieser sogenannten *kontinuierlichen Verstärkung* läßt die Ausübung des Verhaltens den Verstärker also erwarten.

Dies ist auch dann noch der Fall, wenn *intermittierend* bekräftigt wird. Hier wird das Verhalten manchmal bekräftigt, so daß die Verstärkungsrate zwischen 0 % und 100 % liegt; wie bei der kontinuierlichen Verstärkung wird nicht bekräftigt, wenn das Verhalten ausbleibt. Die intermittierende Verstärkung führt zu einer höheren Löschungsresistenz des Verhaltens als die kontinuierliche Bekräftigung. Um die Löschungsresistenz zu bestimmen, läßt man dem Verhalten den Verstärker niemals mehr folgen und ermittelt, wie häufig es noch auftritt. Das Paradigma zur Ermittlung der Löschungsresistenz ist eine spezielle Realisation gleicher Verstärkungsraten bei Ausübung und Unterlassung des Verhaltens. Sie betragen im Extinktionsversuch jeweils 0 % (vergleiche Tabelle 2).

Erwartungstheoretisch läßt sich die größere Löschungsresistenz nach intermittierender Bekräftigung leicht erklären. Der Versuch mit intermittierender Bekräftigung realisiert die Regel, daß die Verhaltensausführung notwendig für die Verstärkung ist. Zu dieser Regel passen die Ereignisse der Extinktionsprozedur besser als zur Regel, daß die Verhaltensausführung notwendig und hinreichend ist für die Vergabe des Verstärkers, die in einem Versuch mit kontinuierlicher Bekräftigung realisiert wird. Tabelle 2 verdeutlicht diese Aussagen. In dieser Tabelle 2 entspricht „+" der Realisation und „−" der fehlenden Realisierung bestimmter Ereignisrelationen. Dort, wo ein „−" verzeichnet ist, beträgt die Häufigkeit der Ereignisrelation Null; in den anderen Fällen ist sie größer als Null.

Tab. 2: Unterschiedliche Verhaltens-Verstärker-Relationen

	Verhalten	kein Verhalten	Verhalten	kein Verhalten	Verhalten	kein Verhalten
Verstärkung	+	−	−	−	+	−
keine Verstärkung	−	+	+	+	+	+
	kontinuierliche Verstärkung		Extinktion		intermittierende Verstärkung	

Während das Ergebnis, daß die Löschungsresistenz nach intermittierender Bekräftigung größer als nach kontinuierlicher Verstärkung ist, auch offen für andere Interpretationen ist, lassen sich bestimmte Resultate in anderen Paradigmen der operanten Konditionierung wohl *nur* erwartungstheoretisch erklären. Beim Vermeidungstraining kündigt ein Hinweisreiz (beispielsweise ein Ton) eine schmerzhafte Reizung an (im Tierversuch Elektroschock), die ihm einige Sekunden später folgt. Wenn das Versuchstier in eine andere Kammer des Versuchskäfigs hineinläuft, endet auch der Schmerzreiz. Das Laufen wird also negativ bekräftigt (Fluchttraining). Bedeutsam ist, daß nach einigen Erfahrungen des Schmerzreizes das Fluchtverhalten so schnell ausgeführt wird, daß der schmerzhafte Reiz nicht mehr erfahren wird. Dies ist dann der Fall, wenn das Versuchstier innerhalb der Zeit, die zwischen dem Anschalten des Hinweisreizes und der Applikation des Schmerzreizes verstreicht, das Fluchtverhalten durchgeführt hat. Die schnelle Ausführung der Flucht führt also zur Vermeidung des Schmerzreizes, die hochgradig löschungsresistent ist. Was bekräftigt dieses Meidungsverhalten? Da der Schmerzreiz nicht mehr erfahren wird, kann es nicht die negative Bekräftigung durch Beendigung dieser Reizung sein. Die Nicht-Bekräftigung sollte zur Löschung des Meidungsverhaltens führen. Dieses persistiert aber dennoch. Frühe theoretische Erklärungsversuche konnten der Persistenz des Meidungsverhaltens nicht gerecht werden. Deshalb haben Seligman und Johnston (1973) eine Theorie ausgearbeitet, die davon ausgeht, daß während des Vermeidungstrainings zwei Erwartungen ausgebildet werden. Solange die schmerzhafte Reizung noch erfahren wird, baut sich die Erwartung auf, daß die Nicht-Ausführung des Meidungsverhaltens zum Schmerz führt. Die Nicht-Ausführung des Meidungsverhaltens entspricht einem so langsamen Fluchtverhalten, daß der Schmerzreiz erfahren wird. Wird es jedoch so schnell ausgeführt, daß die schmerzhafte Reizung unterbleibt, kommt es zur Ausbildung einer zweiten Erwartung, nach der das Meidungsverhalten nicht zum Schmerzreiz führt. Diese Erwartung wird zunehmend bekräftigt. Kein Ereignis während des Vermeidungstrainings widerspricht ihr. Die zuerst genannte Erwartung dagegen wird, solange das Meidungsverhalten ausgeführt wird, nicht weiter getestet. Sie bleibt konserviert. Wenn die Stärke des Meidungsverhaltens eine monoton steigende Funktion der Erwartungsstärken ist, muß es zu der beobachteten Persistenz kommen. Diese Theorie macht auch klar, wie das Meidungsverhalten gelöscht werden kann. Wenn Erwartungen seine Grundlagen sind, müssen diese verändert werden. Im Tierversuch ist gezeigt worden, wie die Extinktion der Meidung erreicht werden kann. Für die Verhaltenstherapie sind diese Ergebnisse von Bedeutung, weil auch phobisches Verhalten als Meidung anzusehen ist. Solange es ausgeführt wird, kann keine neue Erwartung erlernt werden, derzufolge die Unterlassung dieses Verhaltens nicht zu negativen Konsequenzen führt. Sogenannte Konfrontationstherapien brechen konsequenterweise die dem phobischen Verhalten zugrunde liegenden Erwartungen auf, indem eine Flucht aus angstauslösenden Situationen verhindert wird. Mit Erfolg werden derartige Therapien bei Phobien und Zwangshandlungen eingesetzt (vergleiche Ehlers, 1996).

Die von Seligman & Johnston (1973) genannten Erwartungen lassen sich auch zu der Regel zusammenfassen, daß die Ausführung des Meidungsverhaltens notwendig und hinreichend für die Nicht-Anwendung des Schmerzreizes ist. Sie entspricht der Regel, die bei der kontinuierlichen positiven Verstärkung realisiert wird. Der Unterschied liegt nur darin, daß in den unterschiedlichen Paradigmen verschiedene Ereignisse regelhaft miteinander verknüpft werden. Beim Bestrafungstraining folgt eine schmerzhafte Reizung immer einem bestimmten Verhalten. Dies kann dazu führen, daß das Verhalten dauerhaft unterlassen wird. Diese Unterlassung ist auch die passive Meidung genannt worden, deren Persistenz sich erwartungstheoretisch analog zur vorher behandelten aktiven Meidung erklären läßt. Im Bestrafungstraining wird die Regel realisiert, daß die Nicht-Ausführung eines Verhaltens notwendig und hinreichend für die Nicht-Anwendung des Schmerzreizes ist.

Von größter Wichtigkeit ist, daß in diesem Paradigma das Verhalten, dessen Auftrittswahrscheinlichkeit gesenkt werden soll, sofort bestraft wird. Andernfalls kann keine Relation zwischen *diesem* Verhalten und dem Strafreiz hergestellt werden. Versuche, in denen unabhängig vom gerade ablaufenden Verhalten bestraft wird, führen zu einer generellen Verhaltensunterdrückung, die nicht nur bei Versuchstieren, sondern auch bei Kindern gezeigt worden ist (Dahmen, 1986). Diese

Passivität liegt der sogenannten Hilflosigkeit zugrunde. Damit ist gemeint, daß nach einer Phase der verhaltensunabhängigen Bestrafung die spätere Meidung des durch einen Hinweisreiz zuverlässig angekündigten Schmerzreizes entweder gar nicht oder erst sehr spät gelingt. Diese Hilflosigkeit ließ sich auch an menschlichen Vpn zeigen. Statt des Elektroschocks im Tierversuch wird in der ersten Phase eines Hilflosigkeitsversuches mit Menschen ein als unangenehm erlebter Lärm als Strafreiz verwendet, der unabhängig vom Verhalten appliziert wird. Später wird den Vpn die Gelegenheit gegeben, auf einen Hinweisreiz hin diesen unangenehmen Reiz zu meiden. Hilflosigkeit liegt vor, wenn die Vpn das dafür erforderliche Verhalten überhaupt nicht oder erst sehr spät zeigen. Diese Hilflosigkeit tritt beim Menschen aber nicht so häufig auf wie bei Tieren. Deshalb machen Peterson und Seligman (1984) das Entstehen der Hilflosigkeit von Menschen in ihrer Konzeption von bestimmten Attributionsstilen abhängig. Unter einem Attributionsstil ist ein persönliches Erklärungsmuster für günstige beziehungsweise ungünstige Lebensereignisse zu verstehen. Einer dieser Attributionsstile ist mit einer zeitlich überdauernden und über verschiedene Situationen generalisierten Hilflosigkeit sowie Depressionen verbunden. Er wird deshalb der depressive Attributionsstil genannt.

Es wurde schon darauf hingewiesen, daß beim klassischen Konditionieren der bedingte den unbedingten Reiz erwarten lassen muß, damit die Konditionierung erfolgreich verläuft. Für das operante Konditionieren gilt entsprechend, daß das Verhalten den Verstärker erwarten lassen muß. Wenn eine Konditionierung nicht nachgewiesen werden kann, heißt das im Sinne der gegebenen Lerndefinition nicht, daß nicht gelernt worden ist. Die nicht oder nur verzögert auftretende Meidung nach einer verhaltensunabhängigen Bestrafung, bei der keine Relation zwischen einem bestimmten Verhalten und dem Strafreiz gebildet werden kann, verweist auf die Veränderung der Verhaltensmöglichkeit durch die vorausgegangene Bestrafungsprozedur. Verändert ist sie gegenüber der Situation, in der das Vermeidungstraining ohne vorausgegangene verhaltensunabhängige Bestrafung durchgeführt wird. Diese Darlegungen führen zu der Frage, ob auch die verhaltensunabhängige positive Bekräftigung zu einer Art Hilflosigkeit führt. Von Interesse ist diese Frage beispielsweise im Zusammenhang mit dem sogenannten Korrumptionseffekt der Verstärkung. Danach untergräbt die positive Verstärkung einer Tätigkeit, die um ihrer selbst willen ausgeführt wird, die Motivation zu ihrer weiteren Ausführung. Wenn ein Kind also gern am Klavier übt – intrinsisch motiviert ist – und dafür Belohnungen erhält, sollte ein Absinken der Motivation zu erwarten sein. Ein Versuchsergebnis von Lepper, Greene & Nisbett (1973) deutet aber eher darauf hin, daß der Korrumptionseffekt nur dann auftritt, wenn ein Kind die Verstärkung nicht auf seine Tätigkeit zurückführen kann, sondern verhaltensunabhängig bekräftigt wird. Im Sinne der Theorie des sozialen Lernens von Rotter (1966) erzeugt diese verhaltensunabhängige Verstärkung eine externale Kontrollüberzeugung. Nach dieser Überzeugung sind die Umstände, unter denen bekräftigt wird, durch eigenes Handeln nicht zu kontrollieren. Die verhaltensabhängige Verstärkung dagegen führt zu einer internalen Kontrollüberzeugung, die die Verstärkung auf die eigene Handlung zurückführt. Sie führt nach dem Resultat von Lepper et al. (1973) nicht zum Korrumptionseffekt. Ausführlich informiert das Buch von Seligman (1984) über verschiedene Konsequenzen der verhaltensunabhängigen Verstärkung bzw. Bestrafung.

c) Beobachtungslernen

Durch das Beobachten von Modellen ist ein schnelles und müheloses Lernen möglich. Oftmals ist aber die Frage gestellt worden, ob dieses Lernen nur dem dafür *vorbereiteten* Organismus möglich ist. Mit „vorbereitet" ist hier gemeint, daß nur nach einer Lerngeschichte, in deren Verlauf das Imitieren bekräftigt worden ist, ein Beobachtungslernen möglich ist. Ein derartiges Argument verweist auf die Veränderung des Lernens im Laufe der Entwicklung, für die es im Bereich des instrumentellen Lernens einige Belege gibt (Bredenkamp & Wippich, 1977a). Die Paradigmen der operanten Konditionierung sind spezielle Beispiele instrumenteller Lernvorgänge, in deren Verlauf Verknüpfungen zwischen einem Verhalten und dem Verstärker gebildet werden.

Auf die Veränderung des Lernens beziehen sich beispielsweise die Untersuchungen Harlows (1949). In diesen Experimenten waren Rhesusaffen sukzessive mit einer Reihe von strukturell ähnlichen Lernaufgaben konfrontiert. Zunächst verlief das Lernen sehr langsam, später aber schnell und *einsichtig*. Harlow (1949) spricht davon, daß das Lernen erlernt worden sei. Diesen Prozeß des Lernenlernens benennt Gewirtz (1971) unter anderem als eine Bedingung, die das Beobachtungslernen ermöglicht. Wenn die Lerngeschichte, in deren Verlauf das Imitieren (intermittierend) bekräftigt wurde, eine notwendige Bedingung für das später auftretende Beobachtungslernen ist, dürfte dieses zu einem sehr frühen Zeitpunkt des Lebens, der instrumentelle Lernerfahrungen ausschließt, noch nicht nachweisbar sein. Die Untersuchungen an Neugeborenen führen insgesamt zu einem Ergebnis, das im Einklang mit dieser Annahme steht (Halisch, 1990).

Ein weiteres wichtiges Problem ist, ob durch die Beobachtung von Modellen mehr erlernt wird, als diese an Verhaltensweisen vormachen. Das „mehr" entspricht bestimmten Regeln, die das Modellverhalten leiten. Der Nachweis des Regellernens ist unter anderem von großer Bedeutung für das Erlernen der *Aggressivität* durch Personen, die ein spezielles Modellverhalten beobachten. Nach Bandura (1976a) werden Regeln erlernt, für die die Verhaltensweisen des Modells nur spezielle Beispiele sind. Durch das Erlernen der Regeln werden neue Verhaltensweisen ermöglicht, die nicht beobachtet wurden, aber zur Regel gehören. Die durch das Beobachten von Modellen erworbenen Regeln sind generativ. Unter eine generative Regel lassen sich viele Beispiele subsumieren, von denen ein Modell nur eine kleine Anzahl vormachen kann. Ein wichtiges Beispiel für das Erlernen generativer Regeln durch das Beobachten von Modellen dürfte die Übernahme des mütterlichen Erklärungsmusters für ungünstige Ereignisse durch das Kind sein. Peterson und Seligman (1984) berichten über die Übereinstimmung zwischen Mutter und Kind hinsichtlich des depressiven Attributionsstiles, die beim Vergleich des Kindes mit dem Vater nicht festzustellen ist. Vermutlich spiegelt dieses Ergebnis wider, daß die Mutter in den untersuchten Familien für das Kind das viel wichtigere Modell gewesen ist.

d) Implizites Lernen

Wie bereits erwähnt, ist für Reber (1967) das implizite Lernen durch zwei Komponenten charakterisiert. Der Erwerb des Wissens geschieht inzidentell (beiläufig und ohne Absicht), und die Prozesse in der Lernphase führen zu einer nicht bewußten Wissensbasis. Die Betonung, daß ein *Regelwissen* erworben wird, ist insofern wichtig, als die Möglichkeit des inzidentellen Lernens von einzelnen nicht regelhaft verbundenen Informationen schon lange bekannt ist (vergleiche Kapitel 1.4 und 2.1). Demgemäß kreist ein Forschungsproblem um die Frage, ob in Untersuchungen zum impliziten Lernen wirklich vom Erwerb eines Regelwissens auszugehen ist, das unbewußt bleibt.

Was gegen die Annahme des Erwerbs einer abstrakten Wissensbasis sprechen könnte, ist schwer zu erklären und sei deshalb ersatzweise an einem alltäglichen Beispiel verdeutlicht. Liebhaber klassischer Musik können eine von Bruckner komponierte Symphonie von einer Mozart-Symphonie unterscheiden, auch wenn es sich um neue Stücke handelt, die sie nie gehört haben. Spricht dieses Unterscheidungsvermögen dafür, daß sie durch das wiederholte Hören der Musik Bruckners deren „Grammatik" erworben haben? Nicht unbedingt – möglicherweise gelingt die Klassifizierung nur aufgrund bestimmter Merkmale wie der Instrumentierung, die eine Unterscheidung von einem anderen Komponisten wie Wagner unmöglich machen oder sehr erschweren würde. In Analogie zu diesem Beispiel geht es in der Forschung zum impliziten Lernen um die Frage, ob die Vpn möglicherweise nicht ein Regelsystem, sondern etwas anderes erwerben, das ebenfalls eine Unterscheidung zwischen zulässigen und nicht zulässigen Buchstabensequenzen erlaubt. Gegen die Interpretation, daß das Regelwissen, falls es überhaupt erworben wurde, *unbewußt* bleibt, können verschiedene Einwände geltend gemacht werden. Die Interpretation beruht auf der erwähnten Dissoziation zweier Maße. Vpn sind in der Lage, neue Buchstabensequenzen überzufällig richtig als korrekt oder falsch gebildet zu erkennen (erstes Maß), obwohl sie die Regeln nicht benennen können (zweites Maß). Für ein unbewußtes Lernen spricht diese Dissoziation nur, wenn der Bericht der Vpn ein erschöpfender Indikator für Bewußtseinsprozesse ist. Gilt diese Voraussetzung nicht, dann könnte das erste Maß sich auf die bewußten Prozesse beziehen, die in dem Bericht der Vpn nicht zum Ausdruck kommen. Die Dissoziationslogik ist mit der Annahme der erschöpfenden Erfassung bewußter Prozesse durch einen Indikator verbunden, die sich empirisch nicht prüfen läßt. In der Gedächtnisforschung ist eine Methode gefunden worden, die diese Annahme vermeidet und prinzipiell auch auf die implizite Lernforschung anwendbar sein müßte (Vaterrodt-Plünnecke, Krüger, Gerdes & Bredenkamp, 1996). Da diese Anwendungen bisher fehlen, ist es problematisch, von einer *unbewußten* Wissensbasis als Resultat des impliziten Lernens zu sprechen. Hervorzuheben ist auch, daß in den üblichen Experimenten zum impliziten Lernen ein direkter Indikator verwendet wird, um das erworbene Wissen zu prüfen. „Direkt" heißt, daß in der Instruktion auf die vorausgegangene Lernepisode Bezug genommen wird: „Geben Sie zu den Buchstabenfolgen, die Sie gleich sehen werden, an, ob sie korrekt oder falsch gebildet worden sind." Diese Instruktion erfolgt, nachdem die Vpn über die Regelhaftigkeit der vorher dargebotenen Folgen aufgeklärt worden sind, ohne über die Regeln selbst informiert zu werden. Deshalb liegt es nahe zu vermuten, daß sie in der Testphase bewußt nach den Regeln suchen. Neuerdings liegen aber Untersuchungen vor, die mit indirekten Verfahren arbeiten. Bei einem indirekten Verfahren wird kein ausdrücklicher Bezug zur Lernepisode hergestellt.

Ein Beispiel für die Verwendung eines indirekten Indikators ist ein Experiment Buchners (1993). Nach einer Lernphase, in der Buchstabensequenzen aus einer finiten Grammatik präsentiert wurden, erfolgte die verschwommene Darbietung neuer Sequenzen, die entweder zur Grammatik gehörten oder nicht. Die Darbietung auf dem Bildschirm eines Computers wurde immer deutlicher, bis die Vp die Sequenz identifizieren konnte. Buchner (1993) hat gezeigt, daß die benötigte Identifikationszeit für die korrekten Sequenzen kürzer als für die falschen Buchstabenanordnungen war. Wie üblich konnten die neuen Sequenzen auch überzufällig oft als korrekt oder falsch gebildet klassifiziert werden. Durch diesen Versuch und einfallsreiche weitere Experimente hat Buchner auch wahrscheinlich machen können, daß ein Regelsystem erworben wird. Das implizite Lernen wollen wir demgemäß als ein beiläufiges Lernen von Regeln auffassen, ohne uns darauf festzulegen, ob das Regelwissen unbewußt ist. Mit dieser Festlegung wären methodische Probleme verbunden, die bisher im Bereich der impliziten Lernforschung nicht gelöst sind. Unproblematisch erscheint dagegen die Aussage, daß das erworbene Wissen nicht verbalisierbar ist.

1.4 Eine Taxonomie der Lernformen

Nachdem einige Beispiele für Lernen und ausgewählte Forschungsbefunde dargestellt worden sind, fragt es sich, wie sie in eine Taxonomie von Lernformen eingeordnet werden können. Diese Taxonomie wird anhand zweier dichotomer Merkmale vorgenommen. Das erste Merkmal bezieht sich darauf, ob das Lernen beiläufig und ohne Absicht (inzidentell) oder absichtlich (intentional) erfolgt. Ein Beispiel für inzidentelles Lernen von Regeln ist bereits mit dem impliziten Lernen erläutert worden. In Versuchen zum intentionalen Lernen verfolgen die Vpn bestimmte Strategien, um sich die Ereignisse oder Regeln einer Lernepisode anzueignen. Das zweite Merkmal bezieht sich auf das Produkt des Lernprozesses. Dieses können Relationen zwischen Ereignissen bzw. ein Regelsystem (beispielsweise finite Grammatik) sein, oder es werden Einzelinformationen erworben, die sich regelhaft nicht miteinander verknüpfen lassen. Tabelle 3 zeigt diese Taxonomie.

Tab. 3: Die Klassifikation verschiedener Lernformen

	intentional	inzidentell
Einzelinformationen	Typ I	Typ II
Relationen	Typ III	Typ IV

Typ I und Typ II beziehen sich auf Lernformen, zu denen bisher keine Beispiele dargestellt worden sind. Häufig bezieht sich die episodische Gedächtnisforschung, auf die noch einzugehen ist, auf diese Lernformen. An dieser Stelle mögen ein paar Erläuterungen genügen. Ein einfaches Beispiel für Typ I ist die Darbietung von unverbundenen Substantiven, die später in beliebiger Reihenfolge reproduziert werden sollen. Die Vpn wissen, daß die Wörter zu einem späteren Zeitpunkt wiedergegeben werden sollen. Sie werden – eine genügend hohe Motivation vorausgesetzt – alles tun, um sich die Wörter gut einzuprägen. Das intentionale Verfolgen von Strategien zur Einprägung der Wörter beansprucht knappe Verarbeitungsressourcen und verläuft langsam. Im Unterschied zum impliziten Lernen, das bisher zur Erläuterung des inzidentellen Lernens (Typ IV) diente, geht es bei Typ II um das beiläufige Lernen von Einzelinformationen. In Experimenten zu diesem Lerntyp II werden den Vpn beispielsweise ebenfalls Wörter dargeboten. Diese Wörter sollen etwa daraufhin beurteilt werden, ob sie groß oder klein geschrieben sind oder ob sie zu einer vorgegebenen semantischen Kategorie passen (Orientierungsaufgabe). Überraschend folgt dann später ein Gedächtnistest: Die Vpn sollen so viele Wörter reproduzieren, wie ihnen noch einfallen. Der Unterschied zu Typ I besteht darin, daß ohne Instruktion gelernt wird und daß die Vpn ihre Strategien nicht auf die spätere Wiedergabe der Informationen ausrichten.

Wie gesagt, werden wir auf Beispiele der ersten beiden Lernformen bei der Darstellung der episodischen Gedächtnisforschung zurückkommen. Wir werden allerdings sehen, daß Vpn, um in der Lage zu sein, eine ganze Anzahl von Einzelinformationen reproduzieren zu können, oftmals Relationen zwischen ihnen bilden. Dieser Hinweis weicht die klare Unterscheidung verschiedener Lernformen in Tabelle 3 nicht auf. Die dort getroffene Unterscheidung nach Einzelinformationen und Relationen berücksichtigt, ob das Lernmaterial eine Struktur aufweist. Ist dies nicht der Fall, können Vpn ihm eine Struktur aufzwingen und etwa Relationen bilden, um Einzelinformationen wiedergeben zu können. Die Unterscheidungen in Tabelle 3 sind nominale Klassifizierungen, die nicht einer Differenzierung verschiedener Lernprozesse entsprechen müssen.

Bevor dies wieder zur Sprache kommt, soll zunächst die Erläuterung der Tabelle 3 fortgesetzt werden. Typ III wird durch Experimente veranschaulicht, bei denen die dargebotenen Reize bezüglich mehrerer Dimensionen variieren. Beispielsweise sind diese Reize Dreiecke, Quadrate und Kreise, die jeweils klein oder groß und weiß oder schwarz sein können. Den Vpn wird mitgeteilt, daß die beiden relevanten Attribute für die Klassifikation der Reize „klein" und „schwarz" sind. Diese Attribute sind durch eine Regel verknüpft, die den Vpn nicht mitgeteilt wird. Nehmen wir an, daß dies die Regel sei, „klein" ist notwendig und hinreichend für „schwarz". Positive Beispiele für diese Regel sind alle Reize, die klein *und* schwarz sowie groß *und* weiß sind. Alle anderen Kombinationen sind negativ für die Regel. Den Vpn werden diese Reize einzeln dargeboten, und sie sollen angeben, ob sie positiv oder negativ für die Regel sind. Der Versuchsleiter meldet zurück, ob die Angabe richtig oder falsch war. Das Experiment wird beendet, wenn die Vp keine Fehler mehr begeht. Versuche dieser Art finden sich häufig in der Denkpsychologie (vergleiche Bredenkamp & Wippich, 1977a). Im Unterschied zu Typ IV (implizites Lernen), der anhand des Lernens von Buchstabensequenzen aus einer finiten Grammatik erläutert wurde, handelt es sich bei Typ III um ein intentionales Regellernen. Den Vpn wird vor dem Lernexperiment mitgeteilt, daß zwei Attribute durch eine Regel verknüpft sind, die es zu finden gilt.

Wo in Tabelle 3 sind die anderen ausführlich erläuterten Beispiele für Lernen einzuordnen? Das Beobachtungslernen wurde in Kapitel 1.1 am Beispiel einer Untersuchung Banduras (1976 b) erläutert. Zum Zeitpunkt der Beobachtung des Modells wußten die Vpn nicht, daß dessen Verhalten später reproduziert werden sollte. Das Lernen erfolgte also ohne Absicht. Wie bereits geschildert, werden die speziellen Verhaltensweisen, die das Modell vormacht, erlernt. In diesem Fall handelt es sich um ein Lernen vom Typ II. Bandura betont aber, daß in derartigen Lernsituationen mehr als das spezielle Modellverhalten, nämlich die Regel, die es leitet, erworben wird. Ist dies der Fall, liegt ein Beispiel für Typ IV vor. Die Untersuchung von Bandura (1976 b) zeigt zugleich, daß das inzidentelle Beobachtungslernen Aufmerksamkeit voraussetzt. In seiner Theorie des Beobachtungslernens benennt Bandura (1976 a) ausdrücklich die aufmerksame Beobachtung des Modellverhaltens als eine Voraussetzung für das Lernen. In Tabelle 3 ist inzidentelles Lernen also nicht mit einem Lernen ohne Aufmerksamkeit gleichzusetzen. Betont sei noch, daß es natürlich auch ein intentionales Beobachtungslernen gibt. Dies ist immer dann der Fall, wenn Modelle eine beobachtende Person instruieren, das Vorgemachte zu imitieren. Ein Junge, der seinem Vater beim Flicken eines Fahrradschlauches zusieht, um bei der nächsten Reifenpanne selbst die Reparatur ausführen zu können, lernt intentional durch Beobachtung.

Wo in der Taxonomie sind die besprochenen Formen der Konditionierung einzuordnen? Die übliche klassische Konditionierungsprozedur (vergleiche Tabelle 1 a) realisiert die Regel, daß der bedingte Reiz notwendig und hinreichend für die Präsentation des unbedingten Reizes ist. Dieselbe Regel wird bei der kontinuierlichen Verstärkung in operanten Konditionierungsversuchen realisiert (vergleiche Tabelle 2). Für ein Regellernen in Konditionierungsexperimenten sprechen die Untersuchungen Kinders (1996). Insofern müßten diese Experimente sich auf den Lerntyp III oder IV beziehen. Einer alten Unterscheidung Skinners (1938) folgend wäre die operante Konditionierung als Beispiel für Typ III anzusehen, während die klassische Konditionierung zum Typ IV gehören würde. Diese Zuordnung ergibt sich, weil nach Skinners Unterscheidung physiologische Funktionen, die durch das *unwillkürliche* Nervensystem gesteuert werden, nur klassisch konditionierbar, während die auf der *Willkürmotorik* beruhenden Verhaltensweisen operant konditionierbar sind. Anders ausgedrückt ist danach respondentes Verhalten, dessen Auslöser bekannt ist, nur klassisch und operantes Verhalten ohne bekannten Auslöser nur operant konditionierbar. Diese Unterscheidung ist heute allerdings wohl nicht mehr aufrechtzuerhalten. Es gibt Beispiele für die klassische Konditionierung operanten Verhaltens und für die operante Konditionierung respondenten Verhaltens. Insbesondere der zweite Fall ist für die Verhaltenstherapie wichtig geworden. Neal Miller und Mitarbeiter haben wiederholt in Tierversuchen gezeigt, daß durch das autonome (unwillkürliche) Nervensystem gesteuerte Funktionen wie die Herzfrequenz operant konditionierbar sind (vergleiche Bredenkamp & Wippich, 1977a, für eine ausführliche Beschreibung dieser Experimente). Diese Versuche sind die Grundlage der in der Verhaltenstherapie angewendeten Biofeedback-Methode (Rau, 1996). Im Verlaufe einer derartigen Therapie werden dem Patienten physiologische Funktionen deutlich wahrnehmbar gemacht, so daß ihre Kontrolle erlernt werden kann. Rau (1996) beschreibt Biofeedback-Anwendungen bei Verkrümmungen der Wirbelsäule, bei Bluthochdruck, chronischem Schmerz sowie Harninkontinenz.

Obwohl Millers Versuchsergebnisse durch andere Forscher nicht immer wiederholt werden konnten, wollen wir den durch Skinner begründeten Unterschied fallen lassen und beide Konditionierungstypen als Beispiele für ein regelhaftes Verknüpfen von Ereignissen ansehen, das intentional oder inzidentell erfolgen kann. Ein intentionales Lernen im Paradigma der operanten Konditionierung liegt vor, wenn die Vp die Verhaltens-Verstärker-Relation erkennt und das Verhalten häufig ausführt, um den Verstärker zu erlangen. Dasselbe gilt für die klassische Konditionierung, wenn gezeigt wird, daß sie von der Bewußtheit der Relation zwischen beiden Reizen abhängig ist. Hierfür gibt es Beispiele. Andererseits kann kaum bestritten werden, daß auch nicht beabsichtigte Lernvorgänge in beiden Konditionierungsparadigmen auftreten. Das Erlernen von Phobien nach der klassischen Konditionierung oder die eben erwähnte operante Konditionierung vegetativer Funktionen stehen dafür als Beispiele.

Innerhalb der in Tabelle 3 aufgeführten Typen gibt es Unterschiede, die dort nicht zum Ausdruck kommen. Ein wichtiger Unterschied betrifft die Art der erworbenen Regel: Ist diese generativ wie beim Beobachtungslernen und impliziten Lernen, oder ist sie einfach in dem Sinne, daß nur sehr spezielle Ereignisse regelhaft miteinander verknüpft werden? Um den Unterschied zu verdeutlichen, gehe ich auf entwicklungspsychologische Forschungen des Ehepaars Kendler (Kendler & Kendler, 1968) ein, die an dem in Abbildung 2 dargestellten Reizmaterial erläutert werden können. Die Wahl der weißen Reize wird beim ersten Lernen positiv bekräftigt (operante Konditionierung). In Tierversuchen bedeutet dies beispielsweise, daß das Picken einer Taube auf ein weißes Quadrat bekräftigt wird, während das Picken auf ein schwarzes Quadrat ohne Verstärkung bleibt. Entsprechende Wahlen durch Kleinkinder können mit Süßigkeiten belohnt werden oder ohne Belohnung bleiben, während älteren Kindern und Erwachsenen die Rückmeldung „richtig" oder „falsch" gegeben wird. Die Zahl der Reize kann durch Einführung weiterer geometrischer Formen vergrößert werden; positiv bleiben die weißen Reize, während schwarze Reize negativ sind. Um die Erläuterungen einfach zu gestalten, geht Abbildung 2 von nur vier Reizen aus. Wenn die Versuchstiere oder Vpn keine Fehler mehr begehen, ist das erste Lernen abgeschlossen. Darauf folgt ein zweites Lernen für einige Versuchstiere (beziehungsweise Vpn) im Paradigma des Nichtumkehrlernens, für andere Versuchstiere (beziehungsweise Vpn) im Paradigma des Umkehrlernens. Beim *Nichtumkehrlernen* ändert sich im Vergleich

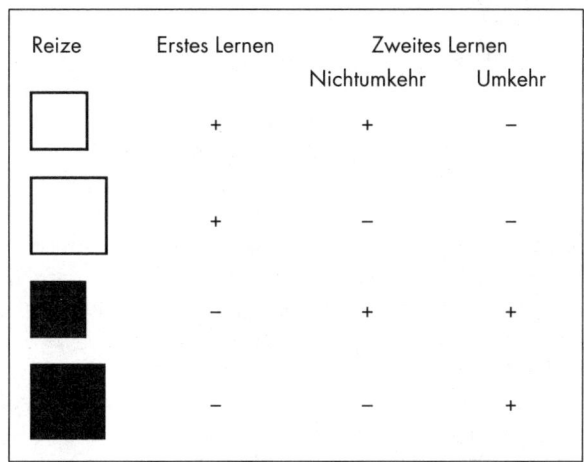

Reize	Erstes Lernen	Zweites Lernen	
		Nichtumkehr	Umkehr
	+	+	−
	+	−	−
	−	+	+
	−	−	+

Abb. 2: Wertigkeit der Reize beim Nichtumkehr- und Umkehrlernen

zum ersten Lernen die relevante Dimension. In Abbildung 2 ist die Farbe „weiß" beim ersten Lernen relevant gewesen, während beim zweiten Lernen das Attribut „klein" relevant ist. Beim *Umkehrlernen* bleibt die Dimension der Farbe relevant, aber innerhalb dieser Dimension wechselt das positive Attribut von weiß zu schwarz.

Die experimentelle Frage lautet, ob das Umkehr- oder Nichtumkehrlernen schneller bewältigt wird. Die Ergebnisse verschiedener Versuche zeigen, daß Versuchstiere und kleine Kinder bis etwa zum 3. oder 4. Lebensjahr weniger Versuche im Nichtumkehr- als im Umkehrlernen benötigen, bis sie keine Fehler mehr begehen, während es sich bei älteren Kindern und Erwachsenen ganz anders verhält. Sie bewältigen das Umkehrlernen schneller.

Wie sind diese Resultate zu erklären? Nehmen wir an, daß spezifische Verknüpfungen zwischen den Reizattributen und der Bekräftigung erworben werden (weiß und klein ist positiv, weiß und groß ist positiv). In diesem Fall ist zu erwarten, daß sich das Nichtumkehrlernen schneller vollzieht, da die Hälfte aller Verknüpfungen aus dem ersten Lernen auf das zweite

Lernen übertragen werden kann, was beim Umkehrlernen nicht möglich ist. Wenn wir dagegen davon ausgehen, daß Vpn Hypothesen testen, die alle bisherigen Erfahrungen zusammenfassen, müssen wir eine andere Erwartung bezüglich des zweiten Lernens haben. Beim ersten Lernen erfahren die Vpn, daß „weiß" und „klein" sowie „weiß" und „groß" positiv sind. Sie können damit von der Größe als irrelevanter Dimension abstrahieren. Die Hypothese „weiß ist positiv" faßt alle Erfahrungen zusammen. Beim ersten Versuch zum Umkehrlernen müssen diese Vpn die Erfahrung machen, daß ihre Hypothese nicht mehr zutrifft, was sie veranlaßt, eine neue Hypothese auszuprobieren. Die Revision der Hypothese aus dem ersten Lernen wird im Paradigma des Nichtumkehrlernens dagegen erst dann erwogen, wenn ein Reiz präsentiert wird, dessen Wertigkeit mit der Hypothese nicht mehr übereinstimmt. Bei der Darbietung in Zufallsfolge trifft das nur in 50 % aller Fälle beim ersten Reiz zu, so daß die Vpn in ebenfalls 50 % aller Fälle mit einer nun falschen Hypothese Erfolg haben, die deshalb beibehalten wird. Da das Umkehrlernen im Durchschnitt eine frühere Revision der Hypothese erzwingt, sollte es sich schneller vollziehen.

Die Versuchsergebnisse stehen im Einklang mit der Theorie, daß Tiere und sehr junge Menschenkinder spezifische Verknüpfungen bilden, während ältere Kinder und Erwachsene Hypothesen testen. Diese Hypothesen entsprechen generativen Regeln. Unter die generative Regel „weiß ist richtig" fallen neue, vorher nicht gesehene Reize. Dies gilt nicht für die spezifischen Relationen, die sich in die logischen Regeln „weiß und klein ist hinreichend für positive Bekräftigung", „weiß und groß ist hinreichend für positive Bekräftigung" fassen lassen. Diese Formulierung zeigt, daß aufgrund der fehlenden Abstraktion von der irrelevanten Dimension keine Integration der spezifischen Regeln zu einer generativen Regel, die alles zusammenfaßt, geleistet wird. Die Integration spezifischer Relationen ist ein wichtiges Merkmal einer wissensgeleiteten Informationsverarbeitung, auf die wir in Kapitel 2.4 zurückkommen werden.

Die Ausführungen zu Abbildung 2 zeigen, daß in ein und demselben Experiment Unterschiedliches gelernt werden kann, was Tabelle 3 nicht berücksichtigt. Zugleich demonstrieren die Ausführungen, daß das Lernen einer Entwicklung unterliegt, worauf schon hingewiesen wurde. Wenn auch die spezifische Relationenbildung als Regellernen aufgefaßt wird, vollzieht sich die Entwicklung vom Lernen einfacher hin zum Lernen generativer Regeln. Mit dieser Auffassung im Einklang stünde, daß das Beobachtungslernen eine Lerngeschichte voraussetzt, in deren Verlauf imitierendes Verhalten positiv bekräftigt wurde. Zuerst werden spezifische Relationen zwischen Verhaltensweisen und Verstärkern gebildet. Das spätere Beobachtungslernen entspricht der Stufe der Abstraktion bzw. der Integration spezifischer Relationen.

Kommen wir jetzt noch einmal auf die Klassifikation verschiedener Lernformen in Tabelle 3 zurück. Das erste Unterscheidungsmerkmal bezüglich der vorhandenen oder fehlenden Absicht zum Lernen orientiert sich an verschiedenen Prozeduren des Experimentators, der seine Vpn über die später erforderliche Wiedergabe der Informationen aus der Lernphase aufklärt oder nicht aufklärt. Findet diese Unterscheidung ihre Entsprechung in unterschiedlichen Lernprozessen? Vermutlich insoweit, als ein Aufmerksamkeit erforderndes intentionales Lernen begrenzte Verarbeitungsressourcen eines Gedächtnissystems beansprucht, das später das Arbeitsgedächtnis genannt werden wird. Dieses System wird nicht von Lernvorgängen beansprucht, die keine Aufmerksamkeit beanspruchen. Dazu gehören nicht alle, aber einige inzidentelle Lernvorgänge. Dieser Unterscheidung verschiedener Lernprozesse wird später in Kapitel 2.2 Rechnung getragen. Das zweite Unterscheidungsmerkmal verschiedener Lernformen in Tabelle 3 bezieht sich auf das Produkt des Lernens. Diese Unterscheidung entspricht einer nominalen Klassifikation, die nicht funktional wirksam werden muß, da für die Wiedergabe von Einzelinformationen intentional Strategien eingesetzt werden können, die einer Relationenbildung entsprechen. Vorhin haben wir gesehen, daß die Relationenbildung von unterschiedlicher Qualität sein kann. Das Hypothesentesten ist eine intentionale Strategie, die das Arbeitsgedächtnis beansprucht. Zu seiner Entlastung werden Hypothesen so gebildet, daß sie alle Erfahrungen bündig zusammenfassen. Andererseits scheinen generative Regeln auch automatisch, beiläufig gebildet werden zu können, wie das implizite Lernen und auch die Informationsintegration beim Lernen aus Texten (vergleiche Kapitel 2.4) zeigen. Möglich erscheint, daß das beiläufige Lernen generativer Regeln einem biologisch oder durch einfachere Lernvorgänge vorbereiteten Lernen (Beobachtungslernen) entspricht, während intentionale Strategien erforderlich werden, wenn derartige angeborene oder erworbene Dispositionen nicht auf das spezifische Lernmaterial eingestellt sind. Vermutlich entsprechen dem Lernen generativer Regeln andere Lernprozesse als dem Erlernen einfacher Regeln oder von Einzelinformationen, da jene im Unterschied zu diesen einen Prozeß der Abstraktion von irrelevanten Unterschieden und des bewußten oder unbewußten Erkennens von Gemeinsamkeiten erforderlich machen. Nach allem wären also mindestens vier Lernprozesse in Abhängigkeit von der Beanspruchung eines Verarbeitungssystems mit begrenzten Ressourcen und in Abhängigkeit vom Auftreten solcher Prozesse wie Abstraktion und Integration zu unterscheiden. Da eine derartige Differenzierung neuroanatomisch und -physiologisch meines Wissens bisher nicht aufgezeigt wurde, werden wir im folgenden, wenn von verschiedenen Lernformen gesprochen wird, mit einer Ausnahme auf die Unterscheidungen in Tabelle 3 Bezug nehmen, die theoretisch nichts vorwegnimmt. Die Ausnahme betrifft das in Kapitel 2.2 erörterte Gedächtnismodell, das Verarbeitungsprozesse, die das Arbeitsgedächtnis beanspruchen, und solche, die ohne eine derartige Beanspruchung ablaufen, berücksichtigt.

2. Gedächtnis

Nach Klix (1971, S. 348) besteht Lernen „in der Ausbildung oder Korrektur von individuellem Gedächtnisbesitz". Die Begriffe „Lernen" und „Gedächtnis" sind danach untrennbar miteinander verbunden. Das ist auch schon in den vorstehenden Ausführungen angeklungen. Der Nachweis eines vorausgegangenen Lernens setzt in jedem Fall eine Gedächtnisprüfung voraus. Sie besteht beispielsweise nach einer klassischen Konditionierung darin, daß der bedingte Reiz allein dargeboten und beobachtet wird, ob und wie häufig noch in Gegenwart dieses Reizes ein Verhalten auftritt, das der unbedingten Reaktion ähnlich ist. Tritt die konditionierte Reaktion in Gegenwart dieses Reizes auf, kann ein zuvor stattgefundenes Lernen erschlossen werden. Die Gedächtnisprüfung nach einem klassischen Konditionierungsversuch ähnelt dem, was in Kapitel 2.3 eine geförderte Reproduktion genannt werden wird. Die Extinktionsprozedur nach einer operanten Konditionierung, in deren Verlauf das Verhalten nicht weiter bekräftigt wird, ähnelt dagegen einer freien Reproduktion (vergleiche Kapitel 2.3). Die Resultate des Beobachtungslernens werden ebenfalls durch die Ermittlung von Reproduktionsleistungen ergründet. Auch die Präsentation *neuer* Exemplare, die zu einer finiten Grammatik gehören oder nicht gehören, ist eine Gedächtnisprüfung in Untersuchungen des impliziten Lernens. Sie bezieht sich aber nicht auf die speziellen Reize einer vorausgegangenen Lernepisode, sondern auf die Regel, die aus den dargebotenen Ereignissen abstrahiert wurde. Vorsicht ist geboten, wenn die Gedächtnisprüfung keinen Gedächtnisbesitz anzuzeigen scheint. Lernen ist die Veränderung einer Verhaltens*möglichkeit*, die sich nicht im Verhalten manifestieren muß. Gedächtnispsychologisch läßt sich das so ausdrücken, daß ein Unterschied zwischen Behalten und Erinnern besteht. Etwas Behaltenes muß nicht unbedingt auch erinnert werden können, weil der Abruf der Informationen aus dem Gedächtnis nicht gelingt. Auf diese Unterscheidung werden wir noch zurückkommen.

Bisher haben sich die Darstellungen schwerpunktmäßig auf die *Aneignung* des individuellen Gedächtnisbesitzes konzentriert. Von seiner Korrektur im Sinne der Klixschen Ausführungen war nur am Rande die Rede, indem auf verhaltenstherapeutische Bezüge der Lernpsychologie hingewiesen wurde. In der Verhaltenstherapie geht es um eine derartige Korrektur, indem beispielsweise die Erwartungen, die einem phobischen Verhalten zugrunde liegen, im Verlaufe einer Konfrontationstherapie modifiziert werden. Im folgenden werden wir uns schwerpunktmäßig mit dem Gedächtnisbesitz befassen. Unter „Gedächtnis" wird im allgemeinsten Sinn „die Fähigkeit von Organismen, Informationen zu speichern, das heißt mehr oder minder lange aufzubewahren, so daß die Information über vergangene Ereignisse das aktuelle Verhalten beeinflussen kann" (Clauß, Kulka, Lompscher, Rösler, Timpe & Vorwerg 1976, S. 191), verstanden. Bei der Darstellung der Gedächtnispsychologie werden wir uns zunächst nochmals mit dem Lernen, genauer mit bestimmten Aktivitäten des Lernenden während der Aneignung von Informationen, befassen. Danach wird auf verschiedene Methoden der Gedächtnisprüfung eingegangen. Hervorgehoben werden die Bezüge zwischen den Aktivitäten in der Lernphase – oder der Enkodierphase, wie es in der Gedächtnispsychologie häufig heißt – und Merkmalen der Information, auf die die Gedächtnisprüfung abhebt. Es wird sodann untersucht, wie sich das Wissen auf die Gedächtnisleistung auswirkt, bevor zum Abschluß auf Anwendungen der Gedächtnispsychologie eingegangen wird. Nicht behandelt wird das Gedächtnis bei Tieren. Der interessierte Leser findet einen Überblick zu diesem hier ausgeklammerten Teil der Gedächtnisforschung bei Delius und von Fersen (1996). Die tierexperimentelle Gedächtnisforschung ist vergleichsweise wenig fortgeschritten, was insofern verwundern mag, als ja gerade die Behavioristen lernpsychologische Forschungen am Tier in großem Umfang durchgeführt haben. Delius und von Fersen (1996) führen den weitgehenden Verzicht auf eine tierexperimentelle Gedächtnisforschung darauf zurück, daß sie die „Anrüchigkeit des Mentalen" hatte. Erst mit dem Aufkommen der kognitiven Psychologie, die den Behaviorismus abgelöst und Bewußtseinsprozesse wieder zum Gegenstand ihrer Forschungen mit neuen Methoden gemacht hat, wurde sie zeitverzögert zur humanpsychologischen Gedächtnisforschung respektabel. Während in der Lernpsychologie häufig theoretische Konzeptionen, die tierexperimentell geprüft wurden, auf das Lernen von Menschen übertragen wurden, finden wir in der Gedächtnispsychologie eher den umgekehrten Weg einer Beeinflussung.

2.1 Verarbeitungsprozesse in der Lernphase

a) Ein „klassisches" Gedächtnismodell

Wir gehen zunächst von einem Gedächtnismodell aus, das sich Ende der sechziger Jahre als Konsequenz vieler Forschungsbemühungen ergeben hatte und nachfolgende Untersuchungen des menschlichen Gedächtnisses maßgeblich beeinflußt hat (Atkinson & Shiffrin, 1968). Als Träger von Gedächtnisleistungen werden drei Systeme angenommen, die seriell angeordnet sind (vergleiche Abbildung 3). Zunächst werden die physikalischen Reizmuster (unter anderem elektromagnetische Wellen, Schall) in sogenannten sensorischen *Ultra-Kurzzeitspeichern* (UKZS) registriert. Diese sind modalitätsspezifisch, das heißt, für visuelle, akustische und andere Reize werden unterschiedliche Register von einer vergleichsweise großen Kapazität, aber einer sehr geringen Dauer der Gedächtnisspur angenommen. Diese Systeme dienen der kurzfristigen Präsenthaltung der Informationen für weitere Analysen, die im *Kurzzeitspeicher* (KZS) durchgeführt werden. Da der nachgeschaltete Kurzzeitspeicher von einer geringeren Kapazität ist, gehen auf dem Übertragungsweg zu ihm bereits Informationen verloren. Nach Anderson (1985) entscheidet die Aufmerksamkeitszuwendung darüber, welche Informationen in den Kurzzeitspeicher übertragen werden. Aufmerksamkeit ist eine begrenzte Ressource, wie sogenannte Beschattungsexperimente gezeigt haben. In diesen Experimenten hören Vpn über

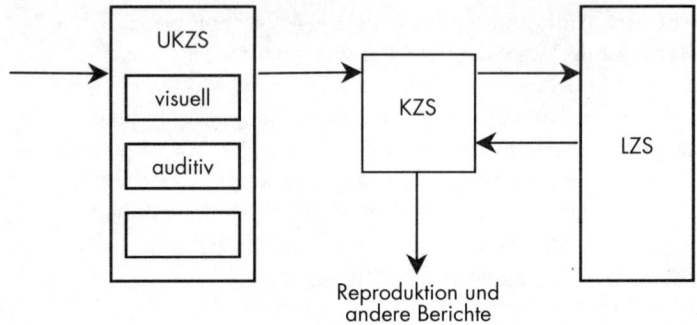

Abb. 3: Ein klassisches Gedächtnismodell

Kopfhörer unterschiedliche Informationen im rechten und linken Ohr. Um sicherzustellen, daß sie ihre Aufmerksamkeit auf *eine* Information (beispielsweise im linken Ohr) richten, sollen sie diese während der Darbietung nachsprechen. Dieses Nachsprechen wird Beschatten genannt. Ein späterer Reproduktionstest zeigt, daß kaum etwas von den im nicht beschatteten Informationskanal dargebotenen Informationen erinnerbar zu sein scheint. Aufmerksamkeit ist nach diesen Experimenten also eine Voraussetzung für späteres Erinnern. Die Reproduktion erfolgt gemäß dem Modell aus dem KZS und ist nicht möglich, wenn die Information gar nicht in dieses System übertragen wird.

Die begrenzte Kapazität des KZS ist unter anderem aus Experimenten im Paradigma der *Gedächtnisspanne* erschlossen worden. Bei Untersuchungen der Gedächtnisspanne sollen die Vpn beispielsweise eine Anzahl von Ziffern oder Konsonanten, die etwa je eine Sekunde lang dargeboten werden, in der richtigen Reihenfolge wiedergeben. Dies gelingt, wenn die vorgegebene Folge nicht mehr als etwa 7 Einheiten (Konsonanten, Ziffern) enthält. Die Kapazität des KZS wurde also bei etwa 7 Einheiten angesetzt. Durch das *Memorieren* (stilles Wiederholen) können die Informationen beliebig lange im KZS gehalten werden. Ohne ein derartiges Memorieren werden sie schnell vergessen, wie viele Experimente und auch alltägliche Erfahrungen zeigen. Wenn Ihnen beispielsweise eine neue Telefonnummer mitgeteilt wird, die Sie augenblicklich nicht notieren können, werden Sie diese ständig memorieren, bis Sie Bleistift und Papier gefunden haben. Wird das Memorieren experimentell unterbunden, indem die Vpn nach der Darbietung der zu reproduzierenden Information in Dreierschritten rückwärts zählen müssen (712, 709, 706 ...), so ist die Reproduktionswahrscheinlichkeit für drei Konsonanten den Ergebnissen von Peterson & Peterson (1959) zufolge nach 18 Sekunden nahezu auf Null gesunken; nach 3 Sekunden beträgt sie nur etwas über 0.5. Gestritten wurde über die Interpretation dieses Befundes. Ist das Vergessen, das offensichtlich schnell eintritt, wenn nicht memoriert wird, einfach auf die verstreichende Zeit zurückzuführen? In diesem Fall wäre das Vergessen auf einen Zerfall der Gedächtnisspur mit der Zeit zurückzuführen. Andererseits kann jedoch argumentiert werden, daß Nahrung mit der Zeit ebenfalls verdirbt. Dies ist jedoch nicht einfach auf das Verstreichen der Zeit zurückzuführen, sondern auf Prozesse, die in dieser Zeit zum Verderben der Nahrung führen. Auf die Gedächtnispsychologie übertragen, kann man sich fragen, ob nicht in der Zeit Prozesse ablaufen, die das schnelle Vergessen verursachen. Das Experiment von Peterson & Peterson (1959) wurde so durchgeführt, daß die Vpn nach der Darbietung dreier Konsonanten in Dreierschritten rückwärts zählten, bevor sie zu reproduzieren versuchten. Dann wurde ein neues konsonantisches Trigramm dargeboten, und danach mußte vor seiner Reproduktion wieder rückwärts gezählt werden. Dieser Vorgang wurde häufig wiederholt, wobei das Zeitintervall zwischen Darbietung und Reproduktion, ausgefüllt durch das Zählen, variierte. Das Reservoir an Konsonanten ist begrenzt, das heißt sie treten in verschiedenen Trigrammen wiederholt auf. Hier liegt eine Möglichkeit für die sogenannte *proaktive Interferenz* (Hemmung) vor. Ganz allgemein meint proaktive Interferenz die Beeinträchtigung einer Gedächtnisleistung durch vorher stattgefundenes Lernen. Eine Bedingung für diese Interferenz ist die Ähnlichkeit zwischen den Informationen, die früher zu erlernen waren, und denen, die jetzt gelernt und reproduziert werden müssen. In dem Experiment von Peterson & Peterson liegt diese Bedingung vor. Sie kann sich beeinträchtigend auf die Reproduktion später dargebotener Trigramme ausgewirkt haben. Experimente anderer Autoren, die im Anschluß an die geschilderte Untersuchung durchgeführt wurden, haben die Vermutung bekräftigt, daß die Reproduktion eines Lernstoffes um so schlechter gelingt, je mehr ähnliche Aufgaben zuvor bewältigt werden mußten.

Eine *retroaktive Interferenz* als Bedingung des Vergessens ist in dem Experiment von Peterson & Peterson (1959) unwahrscheinlich. Allgemein spricht man von retroaktiver Hemmung dann, wenn die Gedächtnisleistung durch später ausgeführte Aktivitäten beeinträchtigt wird. Die Ähnlichkeit ist auch hier eine Bedingung für das Auftreten der Interferenz. Da das Rückwärtszählen diese Ähnlichkeit zu einem zu reproduzierenden Trigramm nicht aufweist, sollte es sich auch nicht hemmend auf die Gedächtnisleistung auswirken. Realisiert man die Bedingung der Ähnlichkeit für das Auftreten einer retroaktiven Interferenz in anderen Kurzzeitgedächtnis-Versuchen, so zeigt sich auch ihre Bedeutsamkeit.

Nach allem kann das resultierende Bild wie folgt zusammengefaßt werden: Der KZS ist ein Gedächtnissystem mit begrenzter Kapazität. Die dort einlaufenden Informationen müssen memoriert werden, damit sie nicht schnell vergessen werden und in den *Langzeitspeicher* (LZS) gelangen können. Für das schnelle Vergessen kommen neben dem autonomen Zerfall der Gedächtnisspur Interferenzen in Frage.

Der LZS wird als ein System mit sehr großer Kapazität angesehen. In dieses System gelangt die Information aufgrund des Memorierens, dem also neben der Präsenthaltung der Information im KZS eine wichtige Bedeutung für ihre Übertragung in den LZS beigemessen wurde. Ist die Information in diesen Speicher gelangt, verbleibt sie dort für immer. Wenn sie dennoch nicht erinnert werden kann, liegt das daran, daß sie aus irgendwelchen Gründen nicht abgerufen werden kann. Zur Veranschaulichung stellen wir uns eine Bibliothek vor, in der wir ein Buch suchen. Der Katalog weist uns den richtigen Weg. Stellen wir uns jetzt vor, diese große Bibliothek besitze keinen Katalog. Die Chance, das Buch zu finden, ist auch dann gering, wenn es sich in der Bibliothek befindet. Für das Erinnern von Informationen aus dem LZS ist es wichtig, daß wir über Hinweise verfügen, wo die gesuchte Information zu finden ist.

b) Stützende Befunde

Wir wollen hier nur einige wenige Befunde referieren, die das dargestellte Gedächtnismodell, das in ähnlicher Form von vielen Psychologen vertreten wurde, stützten. Die Auswahl geschieht im Hinblick auf spätere Erläuterungen und berücksichtigt insbesondere Versuchsergebnisse im Paradigma der freien Reproduktion, die für die Notwendigkeit der Trennung von KZS und LZS sprachen. Ausgeklammert bleiben aus Platzgründen Untersuchungen, die sich auf die Ultrakurzzeitspeicher konzentrieren.

Fast immer sahen freie Reproduktionsversuche die Darbietung von unverbundenen Wörtern im Umfang von weit mehr als einer Gedächtnisspanne vor, die in *beliebiger* Folge reproduziert werden sollten. Das Ergebnis eines derartigen Versuches ist in Abbildung 4 als serielle Positionskurve veranschaulicht.

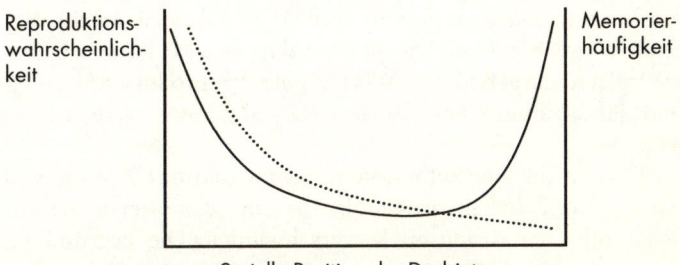

Abb. 4: Serielle Positionskurve (durchgezogen) und Häufigkeit des Memorierens (gestrichelt) in einem freien Reproduktionsversuch

Es zeigt sich, daß die zuerst und zuletzt dargebotenen Wörter relativ zu den mittleren Wörtern gut reproduziert werden können. Im Rahmen des dargestellten Gedächtnismodells wurde der Rezenzeffekt (hohe Reproduktionswahrscheinlichkeiten für die zuletzt dargebotenen Wörter) auf die unmittelbare Reproduktion aus dem KZS zurückgeführt, während der LZS die anderen Teile der seriellen Positionskurve determiniert. Für eine derartige Interpretation sprachen unter anderem folgende Befunde:

(1) Verlängert man die Darbietungszeit der Wörter, so erhöht sich die Reproduktionswahrscheinlichkeit nur im vorderen und mittleren Bereich der Positionskurve; der Rezenzeffekt bleibt unbeeinflußt. Wenn die Auswirkungen einer Variablen – hier nominal der Darbietungszeit, funktional der Memorierhäufigkeit – auf verschiedene Bereiche der Kurve unterschiedlich sind, liegt die Vermutung nahe, daß diese unterschiedliche Gedächtnisstrukturen repräsentieren.

(2) Rundus (1971) hat laut memorieren lassen und gezeigt, daß die Häufigkeit, mit der die Wörter memoriert werden, hochgradig mit der Reproduktionswahrscheinlichkeit zusammenhängt. Ausgenommen von diesem Zusammenhang ist aber der Rezenzeffekt. In Abbildung 4 ist die Häufigkeit des Memorierens gestrichelt eingezeichnet. Dieses soll für die Übertragung der Informationen in den LZS verantwortlich sein. Je häufiger memoriert wird, um so größer ist die Wahrscheinlichkeit einer Reproduktion, was sich anhand der Daten des Experiments von Rundus (1971) mit Ausnahme des Rezenzeffektes bestätigt. Dieser wird darauf zurückgeführt, daß die zuletzt dargebotenen Wörter *zuerst* reproduziert werden und damit unmittelbar aus dem KZS abgerufen werden können.

(3) Wird die Reproduktion verzögert und das Zeitintervall durch eine Tätigkeit ausgefüllt, die ein Memorieren verhindert, sollte der Rezenzeffekt verschwinden. Die Begründung dafür ist, daß die zuletzt präsentierten Wörter während der Darbietung nur selten memoriert werden. Während der ablenkenden Tätigkeit im Behaltensintervall fehlt dann die

Möglichkeit, diese Informationen durch ein Memorieren in den LZS zu übertragen, so daß ihre Reproduktionswahrscheinlichkeit sehr gering sein sollte. Genau dies wurde auch experimentell bestätigt.

(4) Untersuchungen an Patienten mit Schädigungen in bestimmten Bereichen des Gehirns haben ergeben, daß diese zu völlig normalen Kurzzeitgedächtnisleistungen beispielsweise im Paradigma der Gedächtnisspanne fähig sind, während ein längerfristiges Erinnern von nach der Schädigung aufgenommenen Informationen nicht möglich oder zumindest reduziert ist (anterograde Amnesie). Im Paradigma der freien Reproduktion weisen organische Amnestiker einen im Vergleich zu Gesunden normalen Rezenzeffekt auf, während die Reproduktionswahrscheinlichkeit der anderen Wörter bei amnestischen Patienten reduziert ist.

c) Kritische Befunde

Auch bei der Erläuterung der für das dargestellte Gedächtnismodell kritischen Befunde soll eine Auswahl im Hinblick auf spätere Darlegungen erfolgen. Unter anderem sind die folgenden Befunde kritisch:

(1) Referiert wurde, daß die in Beschattungsexperimenten nicht beachteten Informationen nicht reproduziert werden können. Es gibt aber auch Befunde, die zeigen, daß die nicht beachteten Informationen, obwohl nicht reproduzierbar, längerfristige Gedächtnisspuren hinterlassen. Wir haben es hier wieder mit der Dissoziation zwischen dem, was eine Vp berichten (reproduzieren) kann, und anderen Maßen für Gedächtnis zu tun. Kritisch für das referierte Gedächtnismodell ist dieser Befund deshalb, weil es die Aufmerksamkeitszuwendung als Voraussetzung für längerfristiges Erinnern ansieht. Hier liegt aber ein Beispiel für inzidentelles Lernen ohne Aufmerksamkeitszuwendung vor, das zu längerfristigen Gedächtnisspuren führt.

(2) Die Gedächtnisspanne wird als ein typisches Kurzzeitgedächtnisparadigma angesehen. Diese Gedächtnisspanne hängt

nun allerdings auch vom Wissen einer Vp ab, das nur in einem Langzeitgedächtnis verankert sein kann. Nehmen wir an, wir ermittelten die Gedächtnisspanne zweier Vpn für binäre Zahlen (0 und 1 in Zufallsfolge dargeboten). Bei der ersten Vp ermitteln wir eine Gedächtnisspanne von 7 Ziffern. Die zweite Vp übersetzt Paare von binären Ziffern in die Zahlen 0 bis 3 (00 → 0, 01 → 1, 10 → 2, 11 → 3) und übersetzt diese bei der Reproduktion zurück in binäre Ziffern. Wenn ihre Gedächtnisspanne für Zahlen von 0 bis 3 ebenfalls sieben beträgt, wird sie 14 binäre Ziffern in der korrekten Folge reproduzieren können. Durch Anwendung einer Strategie, die auf Wissen beruht, kann die zweite Vp ihre Gedächtnisspanne vergrößern (Miller, 1956). Auch Schachexperten können sinnvolle Konstellationen der Figuren auf dem Schachbrett, die einige Sekunden lang dargeboten werden, besser als Novizen reproduzieren. Wenn es sich aber um Konstellationen handelt, die nicht auf das Schachwissen bezogen werden können, gibt es den Vorteil der Experten nicht mehr (de Groot, 1965).

Derartige Befunde sind für das behandelte Gedächtnismodell kritisch, weil es den KZS vor dem LZS anordnet. Es trägt dem Befund, daß das im LZS verankerte Wissen eine kurzfristige Gedächtnisleistung beeinflußt, nicht Rechnung.

(3) Im Rahmen dieses Gedächtnismodells stellen die Gedächtnisspanne und der Rezenzeffekt in der seriellen Positionskurve zwei Maße der Kapazität des KZS dar, die oftmals differieren. Der Rezenzeffekt umfaßt zwei bis drei Wörter, während die Gedächtnisspanne, wie wir bisher gesehen haben, bei sieben Ziffern oder Konsonanten liegt. Allerdings wissen wir heute, daß die Gedächtnisspanne beträchtlich variieren kann. Konstant bei etwa zwei Sekunden bleibt aber das Produkt aus der Artikulationszeit für eine Einheit und der Gedächtnisspanne. Beansprucht die Artikulation einer Ziffer im Durchschnitt also 280 Millisekunden und umfaßt die Gedächtnisspanne sieben Ziffern, so resultiert ein Produkt aus beiden Werten, das nahe bei zwei Sekunden liegt. Dieser Wert ergibt sich auch, wenn einsilbige Wörter 500 Millisekunden benötigen, um artikuliert werden zu können, und die Ge-

dächtnisspanne vier derartige Wörter umfaßt. Diese Zeitkonstante von etwa zwei Sekunden ist häufig gefunden worden. Danach ist der KZS nicht als eine räumlich, sondern zeitlich begrenzte Ressource anzusehen. Nach einer derartigen Hypothese muß die Gedächtnisspanne materialspezifisch unterschiedlich ausgeprägt sein, und interindividuelle Gedächtnisspannenunterschiede bezüglich desselben Materials führt sie auf eine unterschiedliche Artikulationsgeschwindigkeit zurück. Verschiedentlich ist beispielsweise gezeigt worden, daß Chinesen eine größere Gedächtnisspanne für Ziffern und andere Materialien als vergleichbare amerikanische und deutsche Vpn aufweisen (Lüer et al., 1998). Hinsichtlich der genannten Zeitkonstanten ergaben sich aber keine Unterschiede. Sie liegt nach den Untersuchungen von Lüer und Mitarbeitern material- und populationsunabhängig bei zwei Sekunden. Die größere Gedächtnisspanne chinesischer Vpn ist auf ihr schnelleres Artikulieren zurückzuführen.

(4) Mit der Hypothese *eines* einheitlichen KZS stehen auch Befunde im Widerspruch, die zeigen, daß Vpn dazu in der Lage sind, neben einer Gedächtnisspannenaufgabe für visuell präsentierte Ziffern die freie Reproduktion akustisch dargebotener Wörter zu leisten (Baddeley, 1997). In diesem Versuch konkurrieren gemäß dem erläuterten Modell zwei Aufgaben um dieselbe begrenzte Ressource. Es sollte daher zu erwarten sein, daß bei einer normalen Gedächtnisspanne für Ziffern der Rezenzeffekt bei der Reproduktion der Wörter verschwindet. Dies aber ist nicht der Fall.

(5) Schließlich ist ein Befund zu nennen, der an das Ergebnis von Rundus (1971) anschließt. Danach hängt die Reproduktionswahrscheinlichkeit mit Ausnahme des Rezenzeffektes von der Häufigkeit des Memorierens ab. Allerdings könnte ein ganz anderer Faktor für die Reproduktionswahrscheinlichkeiten verantwortlich sein. Bezeichnen wir die 20 Wörter des Versuches von Rundus mit A, B, [...], S, T, die laut zu memorieren und später zu reproduzieren waren. Wegen der Aufforderung zum lauten Sprechen konnte ermittelt werden, wie memoriert wurde. Das erste Wort wurde mehrfach memo-

riert (A, A, A, A,). Bei der Darbietung des zweiten Wortes wurde BABA, bei der Darbietung des dritten Wortes CBAC, bei der Darbietung des letzten Wortes T, S, R, Q memoriert. Die Wörter wurden also nicht nur unterschiedlich häufig, sondern auch in Gruppen (beispielsweise BA) memoriert.

Was geschieht, wenn dieses Memorieren von Relationen unmöglich gemacht wird? Alle bisher erwähnten Experimente bezogen sich auf ein Lernen vom Typ I. Wir gehen jetzt auf ein Lernen vom Typ II über (vergleiche Tabelle 3). Den Vpn wird eine Liste von 24 Wörtern dargeboten. Ihre Aufgabe ist es, das letzte mit einem P beginnende Wort zu nennen. Nehmen wir an, daß zwei derartige Wörter in der Liste an 8. und 11. Stelle auftreten. Das erste dieser Wörter wird so lange memoriert werden, bis das zweite mit P beginnende Wort dargeboten wird. Da kein weiteres P-Wort erscheint, wird dieses zweite P-Wort häufiger memoriert als das erste P-Wort. Nach der Nennung des letzten P-Wortes werden neue Listen mit Wörtern dargeboten, und die Vpn sollen jeweils das letzte mit einem bestimmten Buchstaben beginnende Wort nennen. In einem derartigen Versuch läßt sich die Häufigkeit des Memorierens variieren, ohne daß dabei Relationen memoriert werden. Nach der letzten Liste sollen die Vpn für sie unerwartet so viele Wörter reproduzieren, wie ihnen noch einfallen. In dem Experiment von Craik und Watkins (1973), das wie beschrieben durchgeführt worden ist, ergab sich, daß die Reproduktionswahrscheinlichkeit *nicht* von der Häufigkeit des Memorierens abhängt. Ein derartiger Befund führte zur Differenzierung verschiedener Arten des Memorierens. Ein Typ I – das reine Wiederholen – dient der kurzfristigen Präsenthaltung der Informationen, während ein anderer Typ II – das Memorieren von Relationen – dem langfristigen Erinnern dient.

Bei der Definition des Lernens ist ausgeführt worden, daß das Üben eine hinreichende Bedingung für das Lernen ist. Diese Aussage läßt zu, daß auch ohne Übung gelernt wird (beispielsweise beim Beobachtungslernen). Sie läßt aber nicht zu, daß ein Lerneffekt nicht auftritt, wenn geübt wird. Ersetzen wir den Begriff des Memorierens durch den der Übung, so scheint das Experiment von Craik & Watkins (1973) zu demonstrieren, daß diese auch keine hinreichende Bedingung für das Lernen ist. Wir werden auf diese Frage später wieder zurückkommen.

Zunächst sollen die Konsequenzen, die aus den für das klassische Gedächtnismodell kritischen Befunden gezogen wurden, besprochen werden. Viele Gedächtnispsychologen blieben bei einer speichertheoretischen Konzeption des Gedächtnisses, unterteilten aber den KZS und den LZS in verschiedene Teilkomponenten. Eine andere Gruppe von Psychologen gab diese dem klassischen Modell noch verpflichtete Position auf und sah die Gedächtnisleistung von der kognitiven Tiefe der Verarbeitung abhängig. Auf beide Ansätze wird im folgenden eingegangen.

2.2 Neuere Gedächtnismodelle

a) Unterteilung der Gedächtnisspeicher

Zunächst werden Konzeptionen behandelt, die den KZS und LZS weiter unterteilen. Kommen wir noch einmal auf die serielle Positionskurve beim freien Reproduzieren zurück. Die mittleren Wörter werden mit relativ geringer Wahrscheinlichkeit reproduziert. Da es sich um Wörter handelt, die den Vpn bekannt sind, kann der Befund nicht darauf zurückgeführt werden, daß diese Wörter vergessen worden sind. Es konnte lediglich nicht reproduziert werden, daß sie Bestandteil einer bestimmten Lernepisode waren. Das Gedächtnis für räumlich und zeitlich datierbare Ereignisse soll mit Tulving (1972), auf den die konzeptuelle Unterscheidung verschiedener Komponenten des LZS zurückgeht, *episodisch* genannt werden. Wenn Sie beispielsweise reproduzieren, was Sie gestern getan haben oder wann Sie das letzte Mal einen bestimmten Film in einem bestimmten Kino gesehen haben, zeigen Sie ein Gedächtnis für bestimmte Episoden ihres Lebens. Zusätzlich verfügen Sie auch über ein generelles Wissen, dessen Aneignung räumlich und zeitlich nicht mehr datierbar ist. Zu diesem Wissen gehören linguistische Regeln, die es ermöglichen, korrekte Sätze der deutschen Sprache zu bilden, oder der Bedeutungsgehalt der Wörter, aus denen sie gebildet werden. Auch andere Regeln, etwa solche aus der Arithmetik, geographische Kenntnisse und viele Fertigkeiten wären hier zu nennen. Bezüglich des Wissens ist zwischen deklarativen und prozeduralen Komponenten unterschieden worden, die unterschiedlichen Gedächtnisstrukturen zugeordnet werden. Bei dem deklarativen Wissen, das im *semantischen* LZS verankert ist, handelt es sich um ein Wissen über Fakten (Wissen, *daß* etwas der Fall ist). Dazu gehört etwa das Wissen, daß Hamburg nördlich von München liegt oder Fledermäuse Säugetiere sind. Prozedurales Wissen, im *prozeduralen* LZS verankert, bezieht sich auf Operationen (Wissen, *wie* etwas zu erreichen ist). Zum prozeduralen Wissen gehören etwa alle Fertigkeiten, die zum Fahrradfahren benötigt werden, oder linguistische Regeln, die die Produktion korrekter Sätze ermöglichen. Sie können das Ergebnis eines impliziten Lernens sein.

Obwohl die Trennung verschiedener Komponenten des LZS konzeptuell bedeutsam ist, ist eine eindeutige empirische Abgrenzung sehr schwierig. Häufig wird angenommen, daß das im semantischen LZS verankerte Wissen bewußt, das prozedurale Wissen unbewußt sei. Tatsächlich erscheint das prozedurale Wissen einer Introspektion nicht zugänglich und damit nicht bewußtseinsfähig zu sein, wenn man sich vergegenwärtigt, auf welche Probleme die Erklärung des Fahrradfahrens oder der Bildung korrekter Sätze stoßen würde. Wie aber schon ausgeführt, ist die Interpretation einer Dissoziation zugunsten eines unbewußten Wissens mit dem Problem behaftet, daß die sprachliche Wiedergabe des Gewußten ein erschöpfender Bewußtseinsindikator sein muß. Weniger problematisch erscheint dagegen die Aussage, daß über die Inhalte des semantischen LZS berichtet, über die des prozeduralen LZS häufig nicht berichtet werden kann. Eindeutig ist diese Abgrenzung aber auch nicht. Am besten erfolgt sie im Rahmen einer Theorie, die von verschiedenen Arten der Repräsentation des Wissens in unterschiedlichen Gedächtnisstrukturen ausgeht.

Auf verschiedene Repräsentationsannahmen und deren empirische Prüfung ist die semantische Gedächtnispsychologie bezogen. Diese Bezeichnung ist, nachdem die Unterscheidung zwischen deklarativem und prozeduralem Wissen eingeführt worden ist, nicht mehr glücklich, da sie suggerieren könnte, es gebe neben der episodischen Gedächtnisforschung nur eine, die sich mit der Organisation des deklarativen Wissens befaßt. Dies ist nicht der Fall, obwohl Forschungen zur Struktur des deklarativen Wissens weit häufiger als Forschungen zur Struktur des prozeduralen Wissens anzutreffen sind. Auf derartige Forschungen zur Repräsentation des Wissens können wir später (vergleiche Kapitel 2.4) allerdings nur am Rande zu sprechen kommen. Ausführlich dargestellt wird aber, wie Wissen die episodische Gedächtnisleistung beeinflußt. Erwähnt sei, daß dieses deklarative und prozedurale Wissen sich auch auf das eigene Gedächtnis beziehen kann. In der Meta-Gedächtnisforschung, die hier ausgeklammert bleiben muß, wird untersucht, wie das Gedächtniswissen sich auf episodische Gedächtnisleistungen auswirkt (vergleiche dazu Mecklenbräuker, Wippich & Bredenkamp, 1992).

Wir beziehen nun die konzeptuelle Trennung verschiedener Komponenten des LZS auf die für das klassische Modell kritischen Befunde. Es wurde berichtet, daß das Wissen die Gedächtnisspanne· beeinflußt. Um diesem Befund gerecht zu werden, müßten bei der Aufrechterhaltung der Annahme eines sequentiellen Informationsflusses der semantische und prozedurale LZS *vor* dem KZS angeordnet werden. Dieser Vorschlag findet sich beispielsweise bei Bredenkamp & Wippich (1977b). Er trägt den erwähnten Befunden Rechnung, daß faktisches Schachwissen und prozedurales Wissen über die Transformation von Gruppen binärer Ziffern in ein anderes Zahlsystem – ein prozedurales Wissen, über das berichtet werden kann – die Gedächtnisspanne beeinflussen. Der episodische LZS ist nach wie vor dem KZS nachgeordnet, um etwa den erwähnten Ergebnissen der Amnesieforschung, die für

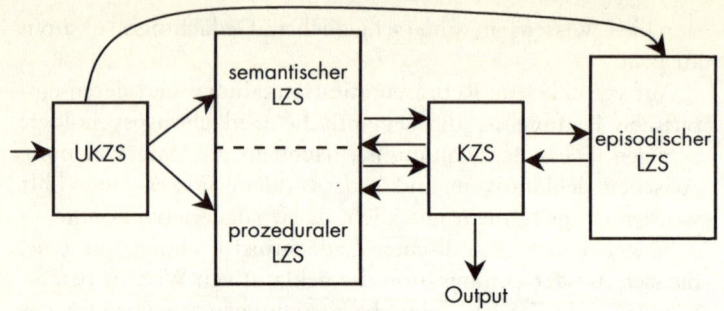

Abb. 5: Ein modifiziertes Gedächtnismodell, das die Unterteilung
verschiedener LZS berücksichtigt

eine Störung des episodischen LZS sprechen, gerecht werden
zu können. Der angenommene Informationsfluß ist in Abbildung 5 dargestellt. In der Abbildung findet sich auch ein Pfeil
ohne den Umweg über den KZS zum episodischen LZS. Dieser
Pfeil symbolisiert einen anderen Lern*prozeß* (Lernen ohne
Aufmerksamkeitszuwendung) als der Pfeil, der von den
UKZSn zum KZS führt (vergleiche Kapitel 1.4). Letzterer bezieht sich auf ein Lernen, das von begrenzten Ressourcen des
KZS abhängig ist.

Die bisher dargestellte Modifikation des klassischen Modells vermag nicht allen kritischen Befunden gerecht zu werden, so daß wir uns vor einer endgültigen Revision dieser
Theorie zunächst noch der Unterteilung des KZS in verschiedene Komponenten zuwenden müssen.

Es wurde auf den Befund hingewiesen, daß neben einer Gedächtnisspannenaufgabe für visuell präsentierte Ziffern die
freie Reproduktion akustisch dargebotener Wörter zu leisten
ist, ohne daß der Rezenzeffekt verschwindet. Dieses Ergebnis
ist nicht mit dem klassischen Modell zu vereinbaren, das von
einem einheitlichen KZS mit begrenzter Kapazität ausgeht. Es
war mitverantwortlich für die Ausarbeitung einer Theorie des
Arbeitsgedächtnisses durch Baddeley und Mitarbeiter, die der-
zeit weltweit beträchtliche Forschungsaktivitäten auf sich
zieht. Ausführlich geschildert ist diese Theorie in dem Lehr-

buch von Baddeley (1997), das für viele *das* Standardwerk der Gedächtnispsychologie ist. In dem Begriff „Arbeitsgedächtnis" kommt zum Ausdruck, daß es sich um ein Gedächtnissystem handelt, welches nicht nur für die kurzfristige Reproduktion von Informationen verantwortlich ist, sondern an der Bewältigung verschiedenster kognitiver Aufgaben beteiligt ist. So sind beispielsweise Prozesse, die während des Lesens oder Verstehens gesprochener Sprache ablaufen, ganz wesentlich diesem Arbeitsgedächtnis zuzuschreiben. Es koordiniert die in einem Satz dargebotenen Informationen, so daß ein Verstehen ermöglicht wird. Über die Rolle des Arbeitsgedächtnisses für das Verstehen und Produzieren sprachlicher Äußerungen informiert das Buch von Gathercole & Baddeley (1993).

Die Theorie des Arbeitsgedächtnisses von Baddeley zerlegt den KZS in drei Komponenten (vergleiche Abbildung 6). Die wichtigste, im Rahmen dieser Theorie aber noch wenig erforschte Komponente ist die sogenannte zentrale Exekutive. Sie bewältigt den größten Teil der mentalen Aktivitäten und

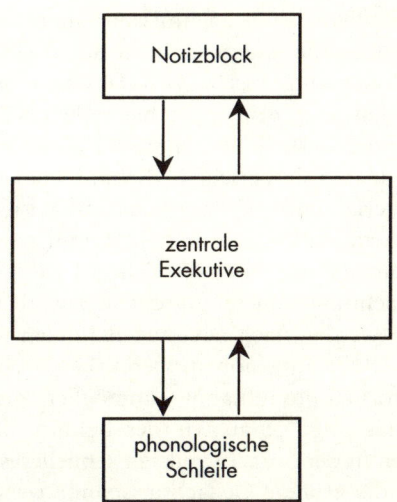

Abb. 6: Unterteilung des KZS in drei Komponenten im Rahmen der Theorie des Arbeitsgedächtnisses

kann spezielle Aufgaben an von Baddeley so genannte Sklaven-systeme delegieren, die der räumlich-visuelle Notizblock (visuo-spatial sketchpad) sowie die phonologische Schleife genannt werden. Die zentrale Exekutive reguliert den Abruf von Infor-mationen aus den LZSn und den Informationsaustausch zwi-schen den Komponenten des Arbeitsgedächtnisses. Sie ist ein Aufmerksamkeitssystem mit begrenzten Verarbeitungsressour-cen. Die Effektivität, mit der sie die Aufgaben erfüllen kann, hängt deshalb davon ab, ob weitere Anforderungen an sie ge-stellt werden, die die knappen Ressourcen beanspruchen. Je mehr die Bewältigung derartiger Aufgaben automatisiert ist, um so weniger ist die zentrale Exekutive beansprucht. Bei hoher Beanspruchung kann sie Aufgaben auch an die Sklavensysteme delegieren. Diese sind – im Unterschied zur zentralen Exekuti-ve – modalitätsspezifische Gedächtnissysteme. Der Notizblock ist auf die Verarbeitung räumlicher und visueller Informatio-nen, die phonologische Schleife auf die Verarbeitung sprachli-cher Informationen spezialisiert. Nur auf die letztere sei noch kurz eingegangen. Die phonologische Schleife ist ein Gedächt-nisspeicher, in dem die Gedächtnisspur innerhalb von etwa zwei Sekunden zerfällt, wenn sie nicht durch ein Memorieren der Informationen aufgefrischt wird. Das Memorieren als rei-nes Wiederholen wird also nicht mehr dem KZS insgesamt, sondern nur noch einer Teilkomponente dieses Gedächtnissy-stems zugeordnet. Der berichtete Befund, daß die Gedächt-nisspanne material- und populationsspezifisch ist, während das Produkt aus Artikulationszeit und Gedächtnisspanne konstant bei zwei Sekunden liegt, bezieht sich auf die phonologische Schleife. Gedächtnisspannenunterschiede zwischen verschiede-nen Sprachen werden nach neuesten Befunden (Chincotta & Underwood, 1997) aufgehoben, wenn die Artikulation wäh-rend der Informationsaufnahme unmöglich gemacht wird. Dieses Ergebnis zeigt genau wie der Befund, daß zweispra-chige Personen in der Sprache, die ein schnelleres Artikulieren erlaubt, über die größere Gedächtnisspanne verfügen, die Be-deutsamkeit der Artikulationsgeschwindigkeit für kurzfristige, sprachgebundene Gedächtnisleistungen auf.

Die Theorie von Baddeley trägt also dem an dritter Stelle genannten, für das klassische Modell kritischen Befund Rechnung. Dies gilt auch für das an vierter Stelle genannte Resultat. Eine gleichzeitige Bewältigung zweier Kurzzeitgedächtnis-Aufgaben ist möglich, wenn verschiedene Subsysteme des KZS diese Aufgaben übernehmen. Berücksichtigt man die von Baddeley vorgenommene Unterteilung des KZS in einem Modell, das auch die verschiedenen Komponenten des LZS enthält, gelangt man zu der in Abbildung 7 dargestellten Konzeption. Sie dürfte mit den meisten Forschungsergebnissen kompatibel sein. Der an fünfter Stelle genannte kritische Befund steht zwar im Zentrum einer ganz anderen theoretischen Auffassung, kann aber in das in Abbildung 7 dargestellte Modell integriert werden. Erwähnt wurde schon die Unterscheidung zweier Typen des Memorierens. Das Memorieren von Typ I, das die aufgenommenen Informationen präsent hält, wird im modifizierten Modell der phonologischen Schleife zugeordnet. Davon unterschieden wurde das Memorieren von Relationen. Allgemein wollen wir von einem elaborierten Memorieren sprechen, dem die Relationenbildung als ein Spezialfall zu subsumieren ist. Es wird in dem Modell, das in Abbildung 7 dargestellt ist, der zentralen Exekutive zugeordnet.

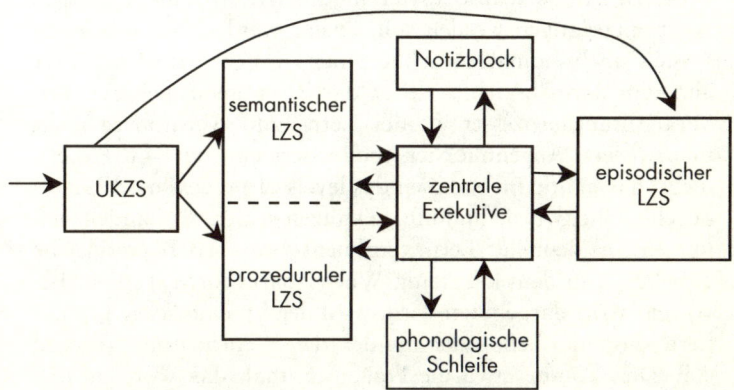

Abb. 7: Ein modifiziertes Gedächtnismodell, das die Unterteilung verschiedener LZS und des KZS berücksichtigt

b) Stufen der Verarbeitungstiefe

Neben der gerade behandelten Unterteilung der Gedächtnisspeicher in verschiedene Subkomponenten war der sogenannte levels of processing-Ansatz von Craik & Lockhart (1972) eine weitere Antwort auf die Probleme der klassischen Mehr-Speicher-Theorie. Im Rahmen dieses Ansatzes werden die genannten Typen des Memorierens unterschieden. Ein reines Wiederholen (Typ I) dient der kurzfristigen Präsenthaltung der Information, während ein elaboriertes Memorieren (Typ II) zu einem längerfristigen Behalten führt. Die Annahme starrer Gedächtnisspeicher wird aufgegeben. Im Zentrum dieses Ansatzes stehen unterschiedliche Verarbeitungsprozesse in der Lernphase und ihre Auswirkungen auf die Gedächtnisleistung.

In dem Ursprungsartikel von Craik & Lockhart (1972), der den levels of processing-Ansatz begründete, wurde angenommen, daß die zu verarbeitenden Informationen eine Serie perzeptueller Analyseprozesse auslösen, die nach dem Kriterium der Verarbeitungstiefe geordnet werden können. Endpunkte dieses Kontinuums sind sensorische Verarbeitungsprozesse einerseits und semantische Elaborationsprozesse andererseits. Diese Annahme wurde später modifiziert, worauf hier noch nicht eingegangen werden soll. Später werden wir auf diesen Ansatz noch einmal zurückkommen, dessen Schwäche unter anderem darin besteht, daß er das Zusammenspiel zwischen Verarbeitungsprozessen in der Lern- und Abrufphase nicht thematisiert. Augenblicklich interessiert ein Typ von Experiment, das häufig im Rahmen des levels of processing-Ansatzes durchgeführt wurde und ihn zu stützen schien. Es handelt sich um ein inzidentelles Lernexperiment vom Typ II (vergleiche Tabelle 3), in dem kurzzeitig Wörter dargeboten werden. Bevor ein Wort dargeboten wird, wird der Vp eine Frage präsentiert, die eine mehr oder minder tiefe Verarbeitung anregen soll. Dies könnte etwa die Frage: „Enthält das Wort ein u?" oder „Paßt das Wort in den Satz: Ein ... hat Ohren?" sein, bevor das Wort „Hund" dargeboten wird. In beiden Fällen hätte die Vp bejahend zu antworten. In anderen Fällen sind die Fragen so gestellt, daß sie verneinend zu beantworten sind. Nachdem eine ganze Anzahl von Wörtern, denen jeweils entweder die Frage nach der Schreibweise oder der Einfügung in einen Satzrahmen vorangestellt war, dargeboten worden ist, erfolgt überraschend die Aufforderung zu ihrer Reproduktion. Es zeigt sich, daß die oberflächlich verarbeiteten Wörter, bei denen sich die Aufmerksamkeit auf die Schreibweise konzentrierte, weniger gut reproduziert werden als die semantisch tief verarbeiteten Wörter. Unter der Bedingung kognitiv tieferer Verarbeitung führt dieses inzidentelle Lernen vom Typ II zu ebenso guten Reproduktionsleistungen wie das intentionale Lernen vom Typ I, wie wiederholt gezeigt wurde.

Es wurde schon darauf hingewiesen, daß ursprünglich perzeptuelle Analyseprozesse angenommen wurden, die bei sensorischen Merkmalen der Information ansetzen und sich bis zum Stadium der semantischen Elaboration fortsetzen. Später wurde diese Annahme derart modifiziert, daß semantische Verarbeitungsprozesse der sensorischen Analyse *vorausgehen* können und daß die Abfolge dieser Prozesse von der Übung abhängig ist. Eine derartige Aussage verweist auf die Wichtigkeit des Wissens für den Grad der Elaboriertheit einer Informationsverarbeitung. Kann neuen Informationen durch Bezugnahme auf ein Wissen *Sinn* verliehen werden, werden diese langfristig erinnert. Wer sich die PIN-Nummer seiner Kreditkarte (3229) etwa als Goethes Todesjahr (1832) minus eigenen Geburtsmonat (März als dritter Monat im Jahr) merkt, wird diese Nummer verfügbar haben, wenn er am Geldautomaten Bargeld abheben will. In experimentellen Untersuchungen zur freien Reproduktion zeigt sich dieser Einfluß des Wissens, wenn die Wörter verschiedenen Kategorien (Tiere, Städte, Länder usw.) zuordenbar sind. Selbst wenn die Wörter in Zufallsfolge dargeboten werden, tendiert die Abfolge der Reproduktion auf Ordnung: Zuerst werden die Wörter einer bestimmten Kategorie reproduziert (wie beispielsweise Tiere), dann die einer anderen Kategorie usw. Je höher das Ausmaß an Ordnung, desto mehr Wörter werden reproduziert.

Wer um die Effektivität integrierender Vorstellungsbilder weiß – es handelt sich hier um einen Aspekt des Wissens, der, wie gesagt, als Meta-Gedächtnis bezeichnet wird – kann dieses Wissen nutzen, um sich beispielsweise die Relationen zwischen den Wörtern der deutschen und einer anderen Sprache oder die Reihenfolge zu tätigender Einkäufe einzuprägen. Nehmen wir an, daß Sie vor Beginn der Arbeit an unterschiedlichen Stationen Ihres Weges etwas zu erledigen haben. Damit Sie sich Umwege ersparen, ist eine bestimmte Abfolge einzuhalten. Zuerst ist auf der Bank Geld abzuheben, bevor getankt wird. Dann sollen noch im Supermarkt Brot, Butter und Milch eingekauft werden. Die richtige Reihenfolge läßt sich gut einprägen und später wieder abrufen, wenn man über eine Liste von Wortpaaren verfügt, deren erstes Glied ein Zahlwort ist, das sich mit dem zweiten Glied reimt (Ein – Schein, Zwo – Stroh, Drei – Brei, Vier – Tier, Fünf – Strümpf und so weiter). Zu jedem Substantiv wird nun in der Reihenfolge der zu erledigenden Aufgaben ein Vorstellungsbild gebildet, das dieses Wort mit der Aufgabe verbindet: Geldschein – Bank, brennendes Stroh, Brot im Brei, Melken der Kuh, Butter im Strumpf.

Diese Beispiele für ein elaboriertes Verarbeiten von Informationen zeigen, daß neue Informationen im Lichte eines schon vorhandenen Wissens aufgenommen (enkodiert) werden. Vorläufig sagen wir, daß diese Beispiele ein wissensgesteuertes oder konzeptgesteuertes Lernen demonstrieren, während die Beispiele in Kapitel 1.1 sich auf ein datengesteuertes Lernen beziehen, für das ein Vorwissen keine Rolle spielt. Inwiefern sich diese Unterscheidung aufrecht erhalten läßt, werden wir erst später in Kapitel 2.4 behandeln. Die zuletzt behandelten Beispiele demonstrieren auch, daß das elaborierte Verarbeiten offenbar deswegen funktioniert, weil es effektive Abrufhilfen für zu erinnernde Informationen generiert. Darauf wird im folgenden Abschnitt einzugehen sein. Zuvor soll noch darauf hingewiesen werden, daß eine elaborierte Verarbeitung auch ohne Bezugnahme auf ein Wissen möglich ist. Dies ist dann der Fall, wenn das zu lernende Material eine deutlich erkennbare Struktur aufweist oder der Lernende auf die Struktur aufmerksam gemacht wird. Deutlich zu erkennen ist in Abbildung 8 die hierarchische Struktur, in die die verschiedenen Methoden der Gedächtnisprüfung eingebettet sind. Die Enkodierung dieses hierarchischen Schemas soll Ihnen die spätere Verfügbarkeit von Methoden der Gedächtnisprüfung ermöglichen. Weniger deutlich ist das Strukturprinzip in der Zahlenreihe 2 9 3 3 3 6 4 0 4 3 4 7. Aber der Hinweis, daß der Reihe eine Struktur zugrunde liegt, wird Sie nach dieser suchen lassen. Haben Sie sie gefunden, so werden Sie die Zahlenreihe auch langfristig erinnern können. Ältere gestaltpsychologische Befunde zeigen, daß bei einem Hinweis auf die Struktur derartige Zahlenreihen besser als ohne diesen Hinweis erinnert werden. Darüber hinaus zeigen weitere Untersuchungen im Paradigma der freien Reproduktion, daß Vpn oftmals selbst das Lernmaterial strukturieren. Sie ordnen nach subjektiven Kategorien, und mit dem Ausmaß der Ordnung wächst die Zahl der Wörter, die reproduziert werden. Nach Tabelle 3 handelt es sich um ein Lernen vom Typ I. Die Verarbeitungsprozesse beinhalten aber eine Relationenbildung.

2.3 Der Abruf von Informationen

a) Arten der Gedächtnisprüfung

Wir gehen zunächst auf einige Verfahren der Gedächtnisprüfung ein (ausführlich dazu Bredenkamp & Erdfelder, 1996). Grundlegend ist die Unterscheidung von direkten und indirekten Verfahren. Bei einer direkten Gedächtnisprüfung stellt der Versuchsleiter ausdrücklich einen Bezug zu der vorausgegangenen Lernepisode her. Zu den direkten Verfahren gehören Maße der Reproduktions- und Wiedererkennensleistung (vergleiche Abbildung 8). Die freie Reproduktion haben wir bereits kennengelernt. Sind in der Lernphase Wörter dargeboten worden, so wird die Vp nach einem mehr oder minder langen Zeitintervall gebeten, so viele Wörter in beliebiger Reihenfolge wiederzugeben, wie sie noch erinnern kann. Bei der geför-

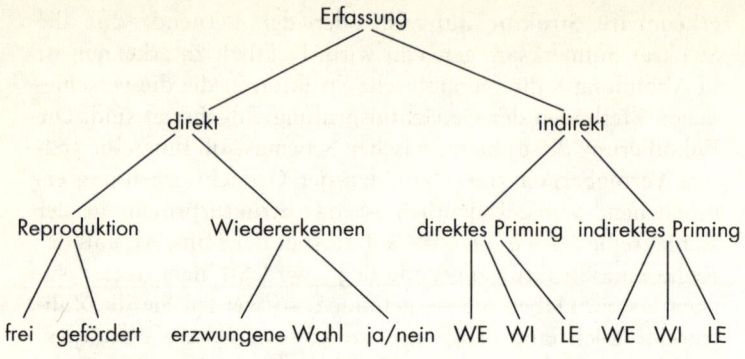

Abb. 8: Methoden der Gedächtnisprüfung. WE = Wortergänzung,
WI = Wortidentifikation, LE = lexikalische Entscheidung.

derten Reproduktion werden ihr während der Gedächtnisprüfung Abrufhilfen dargeboten. Sind die in Zufallsfolge dargebotenen Wörter verschiedenen Kategorien zuzuordnen (Tiere,
Länder, Städte und so weiter), können die Kategorienamen als
Abrufhilfen für die zu reproduzierenden Wörter dargeboten
werden. Auch hier wird in der Instruktion ausdrücklich ein
Bezug zu der vorausgegangenen Lernepisode hergestellt, indem die Vp aufgefordert wird, so viele Wörter wie möglich zu
reproduzieren.

Andere direkte Maße beziehen sich auf die Wiedererkennensleistung. Nehmen wir an, daß in der Lernphase unter anderem „Bär" und „Löwe", nicht aber „Reh" und „Tiger" dargeboten wurden. Vom Paradigma der erzwungenen Wahl zur
Erfassung der Wiedererkennensleistung wird gesprochen,
wenn in der Testphase jedes der dargebotenen Wörter mit wenigstens einem Distraktor zusammen präsentiert wird und die
Vp zu entscheiden hat, welches Wort in der Lernphase vorgekommen ist. (Distraktoren sind Wörter, die in der Lernphase
nicht dargeboten wurden). Bezüglich der Wortpaare Bär –
Reh, Tiger – Löwe usw. soll die Vp angeben, welches Wort aus
jedem Paar in der Lernphase vorkam. Bei der Ja-Nein-Prozedur zur Prüfung der Wiedererkennensleistung werden die

Wörter der Lernphase und die Distraktoren in Zufallsfolge einzeln präsentiert, und zu jedem Wort ist anzugeben, ob es in der Lernphase vorkam oder nicht. Eine Vp, die zu *allen* in der Testphase dargebotenen Wörtern angibt, sie seien auch in der Lernphase dargeboten worden, erlangt 100 % Treffer. Ein Treffer ist die Entscheidung für „ja, vorgekommen", wenn das Wort tatsächlich in der Lernphase präsentiert worden ist. Diese Vp hat aber auch in 100 % aller Fälle falschen Alarm geschlagen. Ein falscher Alarm entspricht der Entscheidung für „vorgekommen", wenn das Wort tatsächlich in der Lernphase nicht präsentiert worden ist. Deshalb müssen bei der Erfassung der Gedächtnisleistung die Treffer- und falsche Alarmrate zueinander in Beziehung gesetzt werden. Hierfür gibt es verschiedene theoretisch begründbare Möglichkeiten. Ein einfaches Maß ist T-F, wobei T die relative Häufigkeit der Treffer und F die relative Häufigkeit der falschen Alarme ist. Nehmen wir an, daß insgesamt 100 Wörter in der Lernphase dargeboten worden sind. In der Testphase werden diese 100 Wörter sowie 100 Distraktoren in Zufallsfolge präsentiert. Zu den tatsächlich in der Lernphase dargebotenen Wörtern entscheidet die Vp in 90 Fällen richtig für „vorgekommen" (T = 0,9), während sie bezüglich der Distraktoren in 70 Fällen fälschlich für „vorgekommen" entscheidet (F = 0,7). Ihre Gedächtnisleistung wäre also T-F = 0,2. Dieses Maß schätzt die Wahrscheinlichkeit für das Wiedererkennen *unabhängig von der Antworttendenz*. An dem Beispiel fällt auf, daß die Vp sich bezüglich der 200 in der Testphase dargebotenen Wörter 160mal für „vorgekommen" entschieden hat. In 80% aller Fälle hat die Vp also für „vorgekommen" entschieden. Diese Vp hat eine ausgesprochene Ja-Sage-Tendenz, die sich unabhängig von der Gedächtnisleistung durch den Quotienten F/(1-T+F) = 7/8 quantifizieren läßt. Dieses Maß ist eine Schätzung der Wahrscheinlichkeit dafür, ein nicht wiedererkanntes Wort als vorgekommen zu bezeichnen. Zwei andere Vpn mit derselben Gedächtnisleistung wie die, deren Treffer und falsche Alarme soeben inspiziert wurden (Vp A:T = 0,3, F = 0,1; Vp B:T = 0,6, F = 0,4), weisen mit 1/8 und 1/2 ganz andere

Tendenzen für das „ja" auf. Vp A ist gegen diese Entscheidung voreingenommen, während Vp B keine Voreingenommenheit für oder gegen diese Entscheidung zeigt.

Bezüglich der direkt erfaßten Gedächtnisleistungen ergibt sich meistens folgende Rangfolge: Die Wiedererkennensleistung liegt über der geförderten Reproduktionsleistung, die ihrerseits die freie Reproduktionsleistung übertrifft. Es gibt aber auch Befunde, die zeigen, daß die Reproduktionsleistung die Wiedererkennensleistung übertreffen kann. Auf diesen außerordentlich wichtigen Befund werden wir zurückkommen.

Ein relativ neues Thema der Gedächtnispsychologie ist die indirekte Erfassung der Gedächtnisleistung. Es wird kein Bezug zur vorangegangenen Lernepisode hergestellt. Nehmen wir an, daß nach dem Zufallsprinzip zwei Gruppen von Vpn gebildet worden sind. Der Gruppe A werden in einem inzidentellen Lernexperiment in der Lernphase Wörter aus einer Menge A, der Gruppe B andere Wörter aus einer Menge B dargeboten. Später werden beiden Gruppen die Anfänge der Wörter aus den Mengen A und B vorgelegt mit der Bitte, diese zu dem ersten einfallenden Wort zu ergänzen. Jeder Wortanfang läßt sich zu mindestens zwei Wörtern ergänzen. Wenn die Vpn der Gruppe A die Wortanfänge aus der Menge A mit größerer Wahrscheinlichkeit zu diesen Wörtern ergänzen als die Vpn der anderen Gruppe, ist auf indirekte Art und Weise ein Gedächtnis für die Informationen aus der Lernphase aufgezeigt worden. Dasselbe gilt, wenn die Vpn der Gruppe B die Anfänge der Wörter aus Menge B häufiger zu diesen Wörtern als die andere Gruppe ergänzen. Nehmen wir an, zur Menge der Wörter A gehöre das Wort „Professor", zur Menge B das Wort „Waldsterben". Beim indirekten Gedächtnistest werden die Wortanfänge „Pro" und „Wal" vorgelegt. Ein Gedächtnis für die Darbietung dieser Wörter ist nachgewiesen, wenn Gruppe A häufiger zu „Professor" als Gruppe B und diese Gruppe den Anfang „Wal" häufiger zu „Waldsterben" als Gruppe A ergänzt. Andere Ergänzungsmöglichkeiten sind zum Beispiel „Profit" und „Walfang". Weitere indirekte Erfassungsmethoden beziehen sich auf die Wortidentifikation und lexikalische Entscheidungen. Kurzfristig, für wenige Millisekunden dargebotene Wörter der Menge A sollten durch die Vpn der Gruppe A häufiger richtig identifiziert werden können als durch die Vpn der Gruppe B, die ihrerseits bezüglich der Wörter aus Menge B im Vorteil sein sollten. Bei der lexikalischen Entscheidung ist so schnell wie möglich anzugeben, ob eine Buchstabenanordnung ein Wort ist. Oftmals wird die benötigte Zeit für die richtige „Wort"-Entscheidung erfaßt, die hinsichtlich der A-Wörter durch die Vpn der Gruppe A, bezüglich der B-Wörter von den Vpn der Gruppe B schneller getroffen werden sollte. Distraktoren in diesem Experiment sind Buchstabenanordnungen, die keine Wörter sind. Damit soll verhindert werden, daß sich die Vpn auf eine „Wort"-Entscheidung einstellen können.

Die genannten Beispiele schöpfen die Möglichkeiten einer indirekten Erfassung der Gedächtnisleistung nicht aus. Sie beziehen sich auf das sogenannte *direkte* oder *Wiederholungs-Priming*. Dieses aus dem Englischen kommende Wort bleibt meistens unübersetzt und meint die positiven Auswirkungen, die die frühere Präsentation einer Information auf ihre jetzige Verarbeitung hat (höhere Ergänzungsraten zum dargebotenen Wort, höhere Identifikationsraten und schnellere lexikalische Entscheidungen). Das *indirekte Priming* verwendet dieselben Erfassungsmodi. Hier wird aber geprüft, ob die Leistung von der Präsentation einer Information abhängig ist, die auf bestimmte Weise (zum Beispiel semantisch oder assoziativ) auf den Testreiz bezogen, nicht aber mit diesem identisch ist. Ein Beispiel für indirektes Priming ist die höhere Ergänzungsrate des Wortanfangs St... zu Stuhl, nachdem „Tisch" dargeboten wurde. Indirekte Priming-Untersuchungen beziehen sich meistens, aber nicht immer, auf Hypothesen zur Struktur des semantischen Gedächtnisses, während direkte Priming-Experimente das Gedächtnis für Episoden erfassen. Auf eine indirekte Priming-Untersuchung Buchners (1993) wurde in Kapitel 1.3 eingegangen. Indirekt ist das Priming in diesem Experiment zum impliziten Lernen, weil es bei der Gedächtnisprüfung *neue* Buchstabensequenzen verwendet, die zu einem vorher erworbenen Wissen gehören oder nicht gehören. Zugleich demonstriert dieses Experiment ein weiteres Verfahren der indirekten Gedächtnisprüfung.

Von großem Interesse ist die indirekte Erfassung der Gedächtnisleistung, weil häufig eine Dissoziation zu direkten Maßen festgestellt worden ist. Eine derartige Dissoziation zeigt sich auch bei organischen Amnesien. Längerfristig finden wir keine Gedächtnisleistung für neu erlernte Informationen, wenn diese direkt erfaßt wird (anterograde Amnesie), während bei indirekt erfaßten Gedächtnisleistungen kein Unterschied zu Gesunden besteht.

Der Unterscheidung zwischen der direkten und indirekten Erfassung von Gedächtnisleistungen entspricht im Alltag der Unterschied zwischen einem intendierten und nicht intendierten Erinnern. Wenn ich versuche zu erinnern, was ich heute vor zwei Wochen am Nachmittag getan habe, stelle ich einen Bezug zu einer Episode meines Lebens her. Das Erinnern kann sehr mühsam sein und dem, was die Denkpsychologie einen Problemlöseprozeß nennt, ähneln. Andererseits erfahren wir auch, daß sich Erinnerungen an Episoden ungewollt und automatisch einstellen, was der indirekten Erfassung von Gedächtnisleistungen entspricht. Ein derartiges Erinnern habe ich gerade erlebt. Gegenwärtig ist der Freund unserer Tochter aus England bei uns zu Besuch. Heute morgen haben wir verabredet, uns abends im Fernsehen gemeinsam das Fußballspiel Manchester United – Borussia Dortmund anzusehen. Während des Mittagsschlafes habe ich von einem Restaurant geträumt, das ich, wie ich jetzt rekonstruiere, 1966 das einzige Mal in meinem Leben besucht habe. Dort habe ich mir, eine lange Autofahrt unterbrechend, ein Fußballspiel der Weltmeisterschaft angeschaut, die 1966 in England stattfand. Die Erinnerung im Traum war nicht intendiert und ist durch den Freund aus England sowie durch die auf ein Fußballspiel bezogene Verabredung ausgelöst worden.

b) Ergebnisse mit direkten Verfahren

Berichtet wurde schon der Befund, daß die Wiedererkennensleistung die geförderte Reproduktionsleistung übertrifft, die ihrerseits über der freien Reproduktionsleistung liegt. Erklärt werden kann diese Reihenfolge durch eine Zwei-Prozeß-Theorie, die davon ausgeht, daß Reproduktionen zunächst ein Generieren von Informationen notwendig machen, die dann als vorgekommen wiedererkannt oder als neu zurückgewiesen werden, während die Prüfung der Wiedererkennensleistung das Generieren von Informationen überflüssig macht. Was unter diesen beiden Prozessen zu verstehen ist, sei am Beispiel der geförderten Reproduktion erläutert. Als Abrufhilfen werden den Vpn die Namen der Kategorien präsentiert, in die die Wörter eingeordnet werden können. Aus der Kategorie „deutsche Städte" generiert die Vp laut Theorie Exemplare (Hamburg, Köln, und so weiter), und wenn sie generierte Exemplare als vorgekommen wiedererkennt, reproduziert sie die Namen dieser Städte. Bei einer Prüfung der Wiedererkennensleistung ist dieses Generieren überflüssig, da die Informationen aus der Lernphase zusammen mit Distraktoren ja nochmals während der Gedächtnisprüfung dargeboten werden. Eine Folgerung aus dieser Theorie ist, daß die Reproduktionsleistung die Wiedererkennensleistung niemals übertreffen kann. Daß die geförderte Reproduktionsleistung über der freien liegt, kann im Rahmen dieser Theorie auf die Notwendigkeit des zusätzlichen Generierens der Kategorien beim freien Reproduzieren zurückgeführt werden. In diesem Zusammenhang ist ein Experiment von Tulving & Pearlstone (1966) erwähnenswert. Sie ließen zunächst kategorisierbare Wörter frei reproduzieren. Danach boten sie ihren Vpn, die keine weitere Gelegenheit zum Lernen hatten, die Kategoriennamen als Abrufhilfen an. Das Ergebnis war, daß die geförderte über der freien Reproduktionsleistung lag. Eine weitere Aufschlüsselung dieses Ergebnisses zeigt, daß dieser Unterschied nicht deshalb auftritt, weil bei der Darbietung der Abrufhilfen mehr Wörter je Kategorie reproduziert werden. Der Unterschied tritt allein deshalb auf, weil die geförderte Reproduktion zur Berücksichtigung *neuer* Kategorien und zur Reproduktion ihnen zugehöriger Exemplare führt. Neu sind hier die Kategorien, die bei der freien Reproduktion nicht berücksichtigt wurden. Offenbar sind sie nicht generiert worden, so daß auch keine Exemplare aus diesen Kategorien erzeugt wurden.

Der Befund von Tulving & Pearlstone ist noch in anderer Hinsicht bedeutsam. Er erinnert an das in Kapitel 1.1 besprochene Ergebnis von Bandura (1976 b), das die Notwendigkeit der Unterscheidung von Lernen und Verhaltensausführung aufzeigt. Der Anstieg der Reproduktionsleistung nach Darbietung der Abrufhilfen demonstriert, daß auch die Begriffe „Behalten" und „Erinnern" unterschieden werden müssen. Die Erinnerungsleistung kann, wie besprochen, mittels verschiedener Gedächtnisprüfungen bestimmt werden. Wenn eine derartige Prüfung aufzeigt, daß nicht erinnert wird, kann daraus nicht geschlossen werden, daß die Informationen einer Lernepisode nicht behalten worden sind. Die Vpn hatten mehr behalten, als in dem freien Reproduktionsversuch von Tulving & Pearlstone zum Ausdruck kam. Auch die schon angesprochene Dissoziation zwischen direkten und indirekten Gedächtnisverfahren demonstriert ein Behalten von Informationen aus der Lernepisode, das sich nicht immer über direkte Tests nachweisen läßt.

Die Wichtigkeit der Unterscheidung von „Behalten" und „Erinnern" bleibt unberührt von Befunden, die zeigen, daß die Reproduktionsleistung die Wiedererkennensleistung übertreffen kann. Derartige Befunde stehen im Widerspruch zur Zwei-Prozeß-Theorie und begründen eine neue Theorie, die diese Ergebnisse sowie die sich „normalerweise" ergebende Rangfolge direkt erfaßter Gedächtnisleistungen zu erklären versucht. Wir schildern zunächst ein Experiment von Tulving & Thomson (1973), das in vier Phasen ablief. Zunächst lernten die Vpn eine Liste von Substantiv-Adjektiv-Paaren wie Grund – kalt, Elefant – langsam usw. Es wurde betont, daß die Adjektive später zu reproduzieren seien. Die Vpn sollten ihre Aufmerksamkeit aber auch auf die Substantive lenken. In der zweiten Phase wurden den Vpn Adjektive präsentiert, zu denen sie jeweils mehrere andere Wörter generieren sollten. Diese Adjektive waren so ausgewählt, daß sie mit hoher Wahrscheinlichkeit zur Generierung von Wörtern führten, die als Adjektive in der ersten Phase vorkamen (zum Beispiel führt die Darbietung von „warm" zu „Sommer", „heiß", „kalt"). In der dritten Phase sollten die Vpn die selbst generierten Wörter angeben, die in Phase 1 vorgekommen waren. Die Wiedererkennensleistung war schwach ausgeprägt (24 % korrekte Antworten). In der vierten Phase wurden die Substantive aus der ersten Phase präsentiert, und die Vpn sollten die zugehörigen Adjektive nennen. Hier handelt es sich um einen geförderten Reproduktionstest, der in 63 % aller Fälle zu korrekten Antworten führte. Daß die geförderte Reproduktion zu besseren Ergebnissen führen kann als die Prüfung der Wiedererkennensleistung, ist inzwischen vielfach bestätigt worden.

Ein solches Ergebnis steht nicht im Einklang mit der Zwei-Prozeß-Theorie. Offensichtlich kommt es, wie das Experiment von Tulving & Thomson zeigt, zu guten Gedächtnisleistungen, wenn der Kontext, in dem die Adjektive enkodiert worden sind, beim Abruf wieder hergestellt wird. Mit Kontext sind hier die Substantive gemeint, mit denen die Adjektive in der ersten Phase verbunden waren. Das Prinzip der *Enkodierspezifität* besagt, daß die Wahrscheinlichkeit des Abrufes vom Grad der Überlappung der Informationen abhängig ist, die in der Lern- oder Enkodierphase und in der Abrufphase präsent sind. Dieser Grad der Überlappung ist in der Untersuchung von Tulving & Thomson für den geförderten Reproduktionstest größer als für die Wiedererkennensprüfung gewesen. Üblicherweise verhält es sich anders, so daß die Wiedererkennens- über der Reproduktionsleistung liegt.

Invalidieren Ergebnisse wie das von Tulving & Thomson, die diese übliche Reihenfolge umkehren, die Zwei-Prozeß-Theorie vollständig, oder lassen die Forschungsresultate Raum für beide Hypothesen? Letztere Auffassung herrscht heute vor. Zur Begründung dieser Auffassung führen wir ein Experiment von Jones (1982) an, in dem den Vpn ebenfalls Wortpaare wie sleep-orange (Schlaf-Apfelsine) präsentiert wurden. Vor dem geförderten Reproduktionstest wurde einigen Vpn mitgeteilt, daß die Umkehrung der Reizwörter (sleep wird zu peels, Schalen) hilfreich für die Reproduktion der Zielwörter (im Beispiel: orange) sei, während anderen Vpn dieser Hinweis nicht gegeben wurde. Die informierten Vpn reproduzierten dreimal so viele Zielwörter wie die nicht informierten Vpn. Dieses Ergebnis ist nicht mit dem Prinzip der Enkodierspezifität zu erklären. Dieses Prinzip setzt voraus, daß Informationen, damit sie den Abruf begünstigen können, in der Lernphase aufgenommen (enkodiert) worden sein müssen. Es ist aber auszuschließen, daß mit der Darbietung von sleep das Wort peels in der Lernphase verbunden wurde, das sich für den Abruf von orange als hilfreich erweist. Das Ergebnis von Jones entspricht dem, was die Zwei-Prozeß-Theorie erwarten läßt: Der Hinweis peels (Schalen) führt zur Generierung von Informationen aus dem semantischen Gedächtnis, unter denen sich das Zielwort mit einiger Wahrscheinlichkeit befindet; ohne Hinweis unterbleibt diese Generierung. Zwei Wege des Abrufes von Informationen lassen sich also unterscheiden: Das Prinzip der Enkodierspezifität bezieht sich auf einen direkten Weg zu gesuchten Informationen, indem enkodierte Hinweise einen direkten Zugang zu der zu erinnernden Information ermöglichen. Der indirekte Weg führt über das semantische Gedächtnis und entspricht der Generierphase der Zwei-Prozeß-Theorie. Während der Abruf von Informationen nach dem Prinzip der Enkodierspezifität eher automatisch, ohne Anstrengung erfolgt, betont die Zwei-Prozeß-Theorie mit der Generierung von Informationen aus dem semantischen Gedächtnis den aktiven, anstrengenden Prozeß der Suche, der insbesondere im Bereich des autobiographischen Gedächtnisses näher untersucht worden ist (vergleiche dazu Baddeley, 1997).

Bevor wir auf Implikationen für das Vergessen eingehen, die die zuletzt betrachteten Forschungen nahelegen, wenden wir uns noch einmal dem levels of processing-Ansatz zu. Er betont die Bedeutung der Verarbeitungstiefe für das langfristige Erinnern. Gemäß dem Prinzip der Enkodierspezifität kann vermutet werden, daß die Verarbeitungstiefe nicht per se, sondern nur dann zu langfristigen Erinnerungen führt, wenn der Gedächtnistest auf solche Informationen abhebt, die während der Enkodierung präsent waren. Ein Experiment von Stein (1978) dient zur Erläuterung. Er bot seinen Vpn Wörter wie raDio dar. Eine Orientierungsaufgabe in diesem inzidentellen Lernexperiment, die zu einer oberflächlichen Verarbeitung führen sollte, bezog sich auf die Schreibweise („Enthält das Wort ein großes D?"). Die andere Orientierungsaufgabe sollte eine semantisch-kognitive Verarbeitung anregen („Hat das Wort mit Elektrizität zu tun?"). Stein verwendete zwei Wiedererkennensprüfungen im Paradigma der erzwungenen Wahl. Ein Test präsentiert nach der Studierphase, in der viele Wörter zu bearbeiten waren, jedes dieser Wörter zusammen mit drei Distraktoren, die eine *andere* Bedeutung als das Zielwort haben (zum Beispiel raDio, ceDar, caDdy, tiDbit). Wer seine Aufmerksamkeit in der Lernphase auf die Schreibweise gerichtet hat, wird jetzt relativ hilflos sein. Das Ergebnis dieses Tests entspricht der Erwartung des levels of processing-Ansatzes: Die semantische Verarbeitung führt zu besseren Gedächtnisleistungen. Ein zweiter Wiedererkennenstest wurde mit anderen Vpn so durchgeführt, daß jedes Zielwort mit Distraktoren *gleicher* Bedeutung vorgelegt wurde (zum Beispiel raDio, radiO, rAdio, radIo). Hier zeigte sich, daß die oberflächliche Verarbeitung zu besseren Gedächtnisleistungen führte. Nicht die Tiefe der Verarbeitung per se ist also entscheidend für langfristiges Erinnern. Ihr Wert kann nur in Relation zu dem späteren Test gesehen werden.

Deshalb ist der levels of processing-Ansatz durch den Ansatz des *transferangemessenen Verarbeitens* ersetzt worden. Dieser Ansatz betont, daß verschiedene Komponenten der Verarbeitung auf die spätere Testsituation in unterschiedlichem Ausmaß übertragen werden können. Die semantische Komponente der Verarbeitung konnte in dem Experiment von Stein auf einen Test transferiert werden, der bedeutungsungleiche Distraktoren präsentiert, während die orthographische

Komponente auf den Test, der bedeutungsgleiche Distraktoren verwendet, übertragen wird. Das Konzept der transferangemessenen Verarbeitung wurde von Bransford und Mitarbeitern (zum Beispiel Bransford, 1979) entwickelt und weist eine große Ähnlichkeit zum Prinzip der Enkodierspezifität auf. Dieses betont die Überlappung von externen Informationen in der Enkodier- und in der Abrufphase, während jenes auf die Korrespondenz der internen Prozesse abhebt. Unter dem Aspekt der kognitiven Verarbeitung erscheinen beide Prinzipien als miteinander kompatibel.

Welche Bedeutung haben die in diesem Abschnitt betrachteten Resultate für den Begriff des *Vergessens*? Vom Vergessen sprechen wir, wenn wir uns nicht erinnern können. Das Erinnern hängt von der Art der Gedächtnisprüfung und ihrer Relation zu Aktivitäten in der Lernphase ab. Wenn nicht reproduziert werden kann, heißt dies nicht unbedingt, daß kein Gedächtnisbesitz vorliegt: Sensiblere Tests können ihn aufzeigen. Hierfür gibt es viele bestätigende Befunde. Wenn Vergessen nicht einfach heißt, daß eine Information gar nicht Bestandteil der LZS geworden ist, muß es das Versagen des Abrufes von Informationen meinen, die sich im Langzeitgedächtnis befinden. Die Hypothese, daß Informationen nicht in den episodischen LZS eingespeichert worden sind (Enkodierdefizit), läßt sich nur schwer untersuchen. Auch wenn verschiedene Gedächtnisprüfungen zu dem Resultat führen, daß nicht erinnert wird, bleibt die Möglichkeit bestehen, daß andere Abrufhinweise zu einem positiven Resultat führen. Die Hypothese, daß Vergessen auf eine fehlende Übertragung der Informationen in eine bestimmte Gedächtnisstruktur zurückzuführen ist, läßt sich widerlegen, aber nur schwer bestätigen. Eine Bestätigung auf Widerruf beruht darauf, daß unterschiedlichste Abrufbedingungen bisher kein Erinnern aufgezeigt haben. Später werden wir darauf im Zusammenhang mit den Schematheorien des Gedächtnisses unter dem Stichwort „Selektion" wieder zu sprechen kommen.

Vergessen als Versagen des Abrufes meint immer, daß etwas Behaltenes nicht erinnert wird. Das Prinzip der Enkodierspezifität verweist auf die Bedeutung des externen Kontextes bei der Enkodierung und beim Abruf der Informationen. So lassen sich Informationen, die in einem bestimmten Raum erlernt worden sind, am besten in diesem Raum reproduzieren. Der räumliche Kontext wird mitenkodiert und dient als Abrufhilfe. Wechselt wie z.B. bei akademischen Prüfungen dieser Kontext von der Enkodier- zur Abrufphase, werden manche Informationen, die prinzipiell verfügbar sind, nicht reproduziert, weil einer der Abrufhinweise fehlt. Dieses wichtige Ergebnis provoziert die Frage, wie Informationen dekontextualisiert werden können. Hilfreich ist während des Abrufes die Vorstellung, man befinde sich in dem Raum, in dem gelernt wurde. Bransford (1979) betont, daß der Kontext, in dem gelernt wird, variiert werden muß, damit ein dekontextualisiertes Wissen entsteht, das auf neue Situationen übertragen werden kann.

Die Kontexteffekte beziehen sich auch auf innere psychophysische Zustände und Stimmungen. Auch hier gilt, daß Informationen am besten reproduziert werden können, wenn der ursprüngliche Kontext beim Abruf wieder hergestellt wird. Charles Dickens drückt das in seinem unvollendet gebliebenen Werk Edwin Drood so aus: „Wenn ich beispielsweise in betrunkenem Zustand meine Uhr versteckt habe, muß ich mich erst von neuem betrinken, ehe mir das Versteck wieder einfällt." Der auf innere Zustände bezogene Kontexteffekt bezieht sich im wesentlichen auf die freie Reproduktion. Sie wird durch die Wiederherstellung des ursprünglichen Kontextes begünstigt (zustandsabhängiges Lernen), während für die geförderten Reproduktionen und das Wiedererkennen keine zustandsabhängigen Effekte gefunden wurden.

Die zuletzt behandelten Beispiele zeigen, daß prinzipiell verfügbare Informationen nicht reproduziert werden, wenn der Kontext, in dem sie enkodiert wurden, beim Abruf nicht vorliegt. Das Vergessen als Versagen des Abrufes kann auch mit der Interferenz in Verbindung gebracht werden. In Abschnitt 2.1 wurde das Vergessen von Informationen, die sich im KZS befinden, als proaktive oder retroaktive Hemmung beschrieben. Auch das Vergessen von Informationen im LZS wird oftmals als Interferenz beschrieben. Wie sind derartige Interferenzen zu erklären? Die Untersuchungen von Tulving & Psotka (1971) im Paradigma der retroaktiven Hemmung zeigen, daß ein späteres Lernen nicht die Gedächtnisspuren für früher gelernte Wörter abschwächt. Das spätere Lernen reduziert aber die Verfügbarkeit der Abrufinformationen für die Zielwörter. Danach beruht Interferenz auf einem Verlust der Hinweise, die für den Abruf früher gelernter Informationen hilfreich sind.

Die Suche nach Informationen im Gedächtnis kann, wie oben ausgeführt, entweder auf direktem oder indirektem Weg zum Erfolg führen, oder sie mißlingt. Bisher wurde Vergessen als Mißlingen des eher automatischen Abrufes (direkter Weg) beschrieben. Der indirekte Weg entspricht dem Generieren von Informationen, die als vorgekommen wiedererkannt und reproduziert oder als neu zurückgewiesen werden. Das Erinnern hängt davon ab, inwieweit in der Lernepisode vorgekommene Informationen beim Abruf generiert werden. Eine elaborierte Verarbeitung, begünstigt durch die Strukturierung des Lernmaterials, schafft im allgemeinen günstige Bedingungen für diese aktive Suche nach Informationen im semantischen Gedächtnis. Darauf beruht der Erfolg der elaborierten Verarbeitung. Bei der Besprechung des Experiments von Craik & Watkins (1973) in Abschnitt 2.1 wurde die Frage gestellt, ob sein Ergebnis nicht die Übung als eine hinreichende Bedingung des Lernens in Frage stellt. Im Unterschied zum Experiment von Rundus (1971) konnten keine Relationen memoriert werden. Relationen zwischen Wörtern führen zu günstigen Abrufbedingungen: Wird Wort A erinnert, dann auch mit einiger Wahrscheinlichkeit Wort B, wenn beide als Gruppe memoriert wurden. Diese günstige Abrufbedingung lag in dem Experiment von Craik & Watkins nicht vor. Abrufprozesse scheinen für die freie Reproduktion besonders wichtig zu sein. Wenn das reine Wiederholen (Memorieren vom Typ I) die freie Reproduktion nicht begünstigt, besagt dieser Befund noch nicht, daß die Übung keine hinreichende Bedingung für das Lernen ist. Dieses kann sich in anderen Maßen, in denen

Abrufprobleme weniger gravierend sind, zeigen. Tatsächlich gibt es Befunde, die den Einfluß des Memorierens vom Typ I auf die längerfristige Wiedererkennensleistung belegen (Baddeley, 1997). Im Hinblick auf die Definition des Lernens besagt dieses Ergebnis, daß weiterhin von der Übung als einer hinreichenden Bedingung für die Änderung einer Verhaltensmöglichkeit auszugehen ist.

c) Ergebnisse mit indirekten Verfahren

Es wurde bereits auf die Möglichkeit einer Dissoziation zwischen direkt und indirekt erfaßten Gedächtnisleistungen hingewiesen. Diese liegt, wie ausgeführt, bei organischen Amnesien vor. Weitere Beispiele für Dissoziationen sind, daß direkt erfaßte Gedächtnisleistungen mit dem Lebensalter und der Verarbeitungstiefe zusammenhängen, was für die indirekt erfaßten Leistungen nicht gilt. Wenn derartige Dissoziationen vorliegen, sprechen wir vom impliziten Gedächtnis. Ob dieses für ein unbewußtes Erinnern spricht, hängt, wie früher schon ausgeführt, davon ab, inwieweit direkte Gedächtnisprüfungen als erschöpfende Maße für Bewußtseinsprozesse aufgefaßt werden können. Eine derartige Annahme ist empirisch nicht prüfbar, so daß neuerdings davon ausgegangen wird, daß jedes Gedächtnismaß bewußte und unbewußte Prozesse reflektieren kann. In diesem Fall kommt es darauf an, prüfbare Modelle zu entwickeln, die die bewußten und unbewußten Verarbeitungsanteile abzuschätzen gestatten (vergleiche Vaterrodt-Plünnecke et al., 1996). Wegen der Schwierigkeit dieses Gegenstandsbereiches soll auf derartige Modelle hier nicht eingegangen werden.

Dissoziationen sind auch zwischen verschiedenen indirekten Verfahren gefunden worden. Die gesamte auf Dissoziationen bezogene Befundlage ist verschieden interpretiert worden. Eine dieser Interpretationen macht sich den Ansatz des transferangemessenen Verarbeitens zunutze. Danach manifestiert sich das Gedächtnis für Episoden indirekt, wenn der Test die Komponenten der Verarbeitung während der Enkodierung der

Informationen erfaßt. Indirekte Tests zielen eher auf die Erfassung datengesteuerter Prozesse, während direkte Tests eher konzeptgesteuerte Prozesse erfassen. Datengesteuert meint, daß die Verarbeitung auf perzeptuelle Merkmale des Reizes, also etwa die Schreibweise, ausgerichtet ist, während eine konzeptgesteuerte Verarbeitung auf die Bedeutung abhebt. Eine indirekte Gedächtnismanifestation kommt nach diesem Ansatz dann zustande, wenn der Test datengesteuerte Prozesse erfaßt, die während der Enkodierung der Informationen abgelaufen sind. Auch Dissoziationen zwischen verschiedenen indirekten Tests sind im Rahmen dieses Ansatzes interpretiert worden.

2.4 Der Einfluß des Wissens auf die Gedächtnisleistung

Um eine geordnete Darstellung zu diesem Thema geben zu können, wird zunächst eine typische Schematheorie dargestellt. Sodann werden empirische Befunde präsentiert, die die Annahmen dieser Theorie stützen. Ebenso sollen problematische Daten vorgestellt werden, die den Einbezug weiterer Erklärungsprinzipien erforderlich machen, auf die teilweise schon eingegangen wurde. Auch der Begriff des Lernens soll noch einmal zur Sprache kommen.

a) Eine typische Schematheorie

Der Begriff „Schema" hat keine klare Definition. Er bezieht sich auf das Wissen, das eine Person über einen Bereich hat. Dieses Wissen ist gedächtnisrelevant. Wir begründen diese Aussage, indem wir zunächst auf ein spezielles Schema, das Skript, zu sprechen kommen. Skripts bezeichnen das Wissen über relativ gleichförmig ablaufende Episoden. Ein derartiges Wissen kann sich etwa auf Restaurantbesuche beziehen. Typische Ereignisse eines Restaurantbesuches sind das Betreten des Speiselokals, die Suche nach einem freien Platz, das Studium der Speisekarte, die der Kellner bringt, das Bestellen eines Gerichtes, der Verzehr der Mahlzeit, nachdem das Essen gebracht worden ist, das Bezahlen und Verlassen des Restaurants. Typisch sind diese Ereignisse, die eine sequentielle Struktur aufweisen, weil sie sich mit hoher Wahrscheinlichkeit während eines Restaurantbesuches ereignen.

Gedächtnisrelevant ist das Wissen über derartige Episoden aus den folgenden Gründen: Wenn Vpn eine Geschichte über einen Restaurantbesuch erzählt oder eine solche Geschichte vorgelesen wird, die nur einige dieser typischen Ereignisse enthält, so zeigen sich charakteristische Reproduktionsfehler. Einer dieser Fehler betrifft bestimmte Ergänzungen, die die Vpn vornehmen. Sie reproduzieren Ereignisse, die nicht Bestandteil der Geschichte waren, aber zu dem Wissen über einen Restaurantbesuch gehören. Wurde in der Geschichte nicht erwähnt, daß der Gast seine Mahlzeit bezahlt hat, während dieses Ereignis bei der Reproduktion genannt wurde, liegt ein derartiger Fehler vor. Daß Menschen Ereignisse erinnern, die Bestandteil ihres Wissens, nicht aber einer vorausgegangenen Lernepisode sind, ist natürlich auch außerhalb der gedächtnispsychologischen Grundlagenforschung von Bedeutung. Augenzeugen können beispielsweise mit großer subjektiver Sicherheit Ereignisse erinnern, die nicht passiert sind. Fragen wie „Wie schnell fuhren die Autos Ihrer Meinung nach, als sie zusammenstießen (zusammenkrachten)?" aktivieren unterschiedliche Annahmen über die Geschwindigkeit, die dazu führen, daß weit häufiger zerbrochenes Glas erinnert wird, wenn durch das „Zusammenkrachen" die Annahme einer höheren Geschwindigkeit induziert wird, obwohl zerbrochenes Glas nicht zu sehen gewesen war (Loftus & Palmer, 1974). Im Verlaufe einer Psychotherapie können sich Patienten oder Patientinnen manchmal an einen sexuellen Mißbrauch in der frühen Kindheit erinnern, der sich nicht immer wirklich ereignet hat. Der klinische Psychologe Yapko hat dazu ein Buch geschrieben, das zu heftigen Angriffen seiner Berufskollegen geführt hat, die häufig davon überzeugt sind, daß das, was Patienten berichten, auch wirklich geschehen sein muß. Yapko hat daraufhin die berufliche Qualifikation seiner Kollegen untersucht und wortwörtlich festgestellt (FAZ vom 15. 12.

1995): „Das Ergebnis war niederschmetternd. Es stellte sich heraus, daß viele Therapeuten ihr Handwerk nur auf eigene Glaubensannahmen stützen, die fern vom Kenntnisstand ihres Faches sind." Nach den Grundlagenergebnissen müssen Gedächtnistäuschungen, über die Yapko berichtet, für möglich gehalten werden. Diese Gedächtnistäuschungen manifestieren sich in Wiedererkennensprüfungen – wenn wir noch einmal auf den Restaurantbesuch zurückkommen – so, daß typische Ereignisse, die nicht Bestandteil einer Lernepisode waren, mit hoher Wahrscheinlichkeit erinnert werden. Zu typischen Ereignissen wird also häufig falscher Alarm geschlagen. Das führt dazu, daß die Wiedererkennensleistung schwach ausgeprägt ist (vergleiche Abschnitt 2.3) und gerade bei typischen Ereignissen eine ausgesprochene Tendenz zum „ja, vorgekommen" vorliegt. Für weniger typische Ereignisse verhält sich das anders. Im Kontext des Restaurantbesuches sind Ereignisse wie „ Der Kellner verschüttet die Suppe" oder „ In der Suppe ist ein Haar" weniger typisch. Derartige Ereignisse können gut wiedererkannt werden, und die Tendenz zum „ja, vorgekommen" ist deutlich geringer.

Wir kommen jetzt auf eine prototypische Schematheorie zu sprechen, wie sie von Alba und Hasher (1983) dargelegt worden ist. Prototypisch heißt, daß sie die Kernannahmen verschiedener Schematheorien in sich vereinigt. Die Basisannahmen dieser prototypischen Theorie beziehen sich auf vier Prozesse in der Phase der Enkodierung der Informationen, die als konzeptgesteuert konzipiert wird: Neue Informationen werden im Lichte eines Wissens enkodiert, das im semantischen LZS angeordnet ist. Eine konzeptgesteuerte Verarbeitung meint, daß die Informationen über den semantischen LZS in den KZS und von hier eventuell in den episodischen LZS gelangen. Der erste Prozeß wird als die *Selektion* von Informationen bezeichnet. Damit ist gemeint, daß nicht jede Information in den episodischen LZS eingespeichert wird. Das Schema (Wissen), die Aktivation des Schemas sowie die Wichtigkeit einer Information sind die Bedingungen, die entscheidend für die Übertragung der Informationen in den episodischen LZS sind. Wichtig sind im Kontext der Skripts weniger typische Ereignisse. Typische Ereignisse können aus dem Skript abgeleitet werden und bedürfen keiner Bearbeitung, die zu ihrer Repräsentation im episodischen LZS führt. Nur weniger typische Ereignisse werden so verarbeitet, daß es zu dieser Repräsentation kommt. Dies ist eine sehr ökonomische Form der Informationsverarbeitung. Als weitere Bedingungen der Selektion werden das Wissen und dessen Aktivation genannt. Ohne Wissen können die Ereignisse einer Lernepisode nur schlecht verstanden und damit auch langfristig nicht erinnert werden. Wer beispielsweise über ein Fußballwissen nicht verfügt, wird folgenden Textausschnitt kaum verstehen und ihn deshalb auch nicht langfristig erinnern können: „Seinen Steilpaß nahm Herbert Mayer auf, der sofort aus allerdings abseitsverdächtiger Position in die Mitte flankte. Die in den Rücken der Abwehr gezielte Vorlage verwandelte Schulze mit einem sehenswerten Fallrückzieher." Für die weitere Verarbeitung von Informationen ist also ein Wissen erforderlich, auf das sie bezogen werden können. Manche Texte sind so gestaltet, daß dieses Wissen erst einmal aktiviert werden muß, damit es für die Verarbeitung eines Textes eingesetzt werden kann. Darauf werden wir noch zu sprechen kommen.

Der zweite Prozeß, den die prototypische Theorie benennt, ist die *Abstraktion*. Gemeint ist, daß nur die Bedeutung der Informationen, nicht etwa der genaue Wortlaut, behalten wird. Selektion und Abstraktion führen zur Reduktion der dargebotenen Informationen. Aufgrund der Selektion werden nicht alle Informationen in den episodischen LZS übertragen. Aufgrund der Abstraktion wird von den in diese Gedächtnisstruktur übertragenen Informationen nur deren Bedeutung behalten. Beide Prozesse erzwingen bei der späteren Wiedergabe eines Textes dessen Rekonstruktion. Gemeint ist, daß nur einige Ideen erinnert werden, und anhand dieser erinnerten Ideen wird auf der Basis des verfügbaren Wissens ein Text rekonstruiert. Diese Rekonstruktion führt zu typischen Fehlern wie die schon angeführte wissensbasierte Ergänzung von Informationen, die gar nicht präsentiert worden sind.

Der dritte und vierte Prozeß heißen *Interpretation* und *Integration*. Sie sind konstruktive Prozesse, die in der Enkodierphase ablaufen, im Gegensatz zu den rekonstruktiven Prozessen, die den Abruf der Informationen betreffen. Mit Interpretation ist beispielsweise das Schließen von Lücken gemeint, die jeder Text notwendigerweise läßt. Jeder Sprecher oder Schreiber verläßt sich darauf, daß früher Mitgeteiltes Gedächtnisspuren hinterlassen hat, die genutzt werden, um Lücken bei der jetzigen Darstellung – es kann nicht alles wiederholt werden – zu schließen. Interpretationen sind also für das Verstehen wichtig; sie manifestieren sich aber, wie wir noch sehen werden, in spezifischer Weise als Gedächtnisfehler. Der Prozeß der Integration meint das Zusammenfügen von Informationsbruchstücken zu Ganzheiten. Auch dieser Prozeß ist für das Verstehen wichtig, und auch er wird über spezifische Gedächtnisfehler nachgewiesen. Eine sprachliche Darstellung erzwingt die sequentielle Schilderung zusammengehöriger Ereignisse. Integration meint, daß diese Informationen zu einer ganzheitlichen Repräsentation im Gedächtnis zusammengefügt werden. Auch hierfür werden wir noch Beispiele kennenlernen.

b) Empirische Befunde

Selektion

Wir beziehen uns im folgenden nur auf die Auswirkungen der Wichtigkeit einer Information und der Aktivation des Wissens. Skripttypische (unwichtige) Ereignisse werden nicht in den episodischen LZS übertragen. Dies kann aus der schon erwähnten Tatsache erschlossen werden, daß sie von ebenfalls skripttypischen Distraktoren nicht unterschieden werden können. Bezüglich der Aktivation des Wissens wird häufig auf Untersuchungen von Bransford & Johnson (1972) verwiesen, die ihren Vpn folgenden Text vorlasen:

„Das Verfahren ist wirklich sehr einfach. Zuerst ordnen Sie die Stücke verschiedenen Gruppen zu. Natürlich kann ein Haufen schon ausreichen; das hängt davon ab, wie viel zu tun ist [...]. Zuerst erscheint die ganze Prozedur als kompliziert. Bald wird sie jedoch eine andere Facette des Lebens. Es ist kaum vorstellbar, daß in näherer Zukunft die Notwendigkeit für diese Aufgabe nicht mehr bestehen wird, aber man kann ja nie wissen. Wenn die Prozedur abgeschlossen ist, ordnet man die Stücke wieder in verschiedene Gruppen. Sie können dann wieder zu ihren Plätzen gebracht werden. Gelegentlich werden sie wieder gebraucht werden, und dann muß der ganze Zyklus wiederholt werden. So ist es jedoch im Leben."

Die Vpn beurteilten diesen Text als unverständlich und reproduzierten nur wenige Ideeneinheiten. Genau dasselbe gilt für eine zweite Gruppe von Vpn, die, nachdem sie den Text gehört hatten, erfuhren, daß es um das Wäschewaschen geht. Eine dritte Gruppe, die zunächst diesen Titel erfuhr und dann die Geschichte hörte, fand den Text verständlicher und reproduzierte mehr als doppelt so viele Ideeneinheiten. Der Text enthält abstrakte Begriffe, deren konkrete Spezifikation offenbar nur gelingt, wenn das Wissen um das Wäschewaschen vor der Darbietung des Textes aktiviert wird. Dies wird vor der Darbietung des Textes durch die Präsentation der Überschrift erreicht.

Diese Beispiele genügen für eine kritische Stellungnahme. Die typische Schematheorie ordnet die Selektionseffekte der Enkodierphase zu. Getestet wird diese Annahme über die Erfassung von Gedächtnisleistungen. Da bei der Prüfung der Wiedererkennensleistung typische (unwichtige) Ereignisse von Distraktoren nicht unterschieden werden können und die Reproduktionsleistung ohne Wissensaktivation gering ist, wird geschlossen, es liege ein Enkodierdefizit in dem Sinne vor, daß die Informationen nicht in den episodischen LZS übertragen wurden. Wir haben bereits ausgeführt, daß der Nachweis einer fehlenden Gedächtnisleistung nicht ausschließt, daß eine andere Gedächtnisprüfung dennoch Gedächtnisspuren aufweist. Wenn der Selektionseffekt sich auf die Enkodierphase bezieht, dürfte beispielsweise für die Untersuchung von

Bransford & Johnson nicht nachgewiesen werden können, daß ohne Wissensaktivation genauso gute *Wiedererkennensleistungen* erzielt werden wie bei der Aktivation des Wissens. Genau dies ist aber in späteren Untersuchungen gezeigt worden. Da die fehlende Übertragung in den episodischen LZS sich auf *jeden* Gedächtnistest auswirken muß, legt dieser Befund nahe, daß der auf die Reproduktion bezogene Selektionseffekt in der Abrufphase anzusiedeln ist. Da die Wiedererkennensleistungen für alle Gruppen gleich sind, kann vermutet werden, daß die vergleichsweise guten Reproduktionsleistungen der Vpn, deren Wissen aktiviert war, auf ein effektives Generieren der Informationen aus dem semantischen Gedächtnis zurückzuführen ist; ohne Wissensaktivation muß diese Phase der Reproduktion ineffektiv verlaufen (vergleiche Abschnitt 2.3).

Allerdings kann nicht der Schluß gezogen werden, daß *alle* Selektionseffekte ein Abrufproblem darstellen. Bredenkamp & Vaterrodt (1992) haben für skripttypische Informationen nicht nur keine Wiedererkennensleistung gefunden; auch indirekte Tests zeigten kein Gedächtnis für diese Informationen auf. Darüber hinaus hat die Anwendung einer speziellen mathematischen Modellierung gezeigt, daß skripttypische Informationen auch unbewußt nicht erinnert wurden (Grube-Unglaub, Bredenkamp, Vaterrodt-Plünnecke & Fischer, 1995). Der daraus resultierende Schluß, daß Selektionseffekte in der Enkodierphase aufgezeigt worden sind, beruht auf dem Nachweis, daß sehr verschiedene Verfahren bisher keine Gedächtnisspuren für typische Informationen aufgezeigt haben (vergleiche dazu Kapitel 2.3). Zusammengefaßt sprechen die Ergebnisse insgesamt für Selektionseffekte sowohl in der Enkodier- als auch in der Abrufphase.

Abstraktion
Frühe Experimente bestätigten die Auffassung, daß längerfristig nur die Bedeutung der Informationen behalten wird. Derartige Befunde paßten gut zu einer Theorie des Sprachverstehens, die davon ausgeht, daß die Wörter eines Satzteils im

KZS eingesammelt und in eine propositionale Repräsentation umgeformt werden. Propositionen sind, wie später noch zu zeigen sein wird, abstrakte Repräsentationen der Bedeutung unabhängig vom genauen Wortlaut. Diese Theorie geht zusätzlich vom schnellen Vergessen des genauen Wortlautes nach der Überführung in eine propositionale Repräsentation aus. In dieser Form läßt sie sich aber nicht halten. Die Experimente zeigen auch ein Gedächtnis für den Wortlaut oder die syntaktische Struktur von Aussagen. Wir wollen das an einem Beispiel verdeutlichen. Nehmen wir an, in die den Vpn präsentierte Lebensgeschichte eines Mannes sei die Aussage eingebettet: „Die Mädchen meidet Otto". Später wird eine Wiedererkennensprüfung im Paradigma der erzwungenen Wahl vorgenommen. Den Vpn wird dieser Satz mit den beiden Distraktoren „Otto meidet die Mädchen" und „Die Mädchen meiden Otto" dargeboten. Der erste Distraktor hat dieselbe Bedeutung wie der in der Geschichte dargebotene Satz, während dies für den zweiten Distraktor nicht zutrifft. Wenn die Vpn nur die Bedeutung behalten haben, sollten sie den bedeutungsverändernden Distraktor als neu zurückweisen, aber mit gleicher Wahrscheinlichkeit den im Text präsentierten Satz und den bedeutungsgleichen Distraktor als vorgekommen wählen. Wenn die Vpn neben der Bedeutung auch etwas vom genauen Wortlaut behalten haben, sollte ebenfalls der bedeutungsverändernde Distraktor als neu zurückgewiesen werden, während der im Text vorgekommene Satz häufiger als vorgekommen gewählt werden sollte als die bedeutungsgleiche Alternative. Die Ergebnisse sprechen für das Behalten der Bedeutung und zusätzlich auch für ein teilweise allerdings schwach ausgeprägtes Gedächtnis an den Wortlaut.

Daß im allgemeinen überwiegend die Bedeutung erhalten bleibt, kann auf das Prinzip der transferangemessenen Verarbeitung zurückgeführt werden. Normalerweise werden Vpn, mit einem Text konfrontiert, semantisch verarbeiten, was zu guten Erinnerungsleistungen führt, wenn der Test auf semantische Merkmale abhebt. Wird aber schon während der Verarbeitung auf die genauen Formulierungen geachtet, deckt ein

Test, der auf dieses Merkmal abhebt, auch ein gutes Gedächtnis für den Wortlaut auf (vergleiche Abschnitt 2.3).

Daß verschiedene Repräsentationen nebeneinander koexistieren, ist uns aus dem Alltag wohl vertraut. Bei der Auseinandersetzung mit Texten sind dies ein Bedeutungs- und ein Wortlautgedächtnis. Sind wir etwa gezwungen, in einer anderen Sprache zu kommunizieren, so können beispielsweise bei der Präteritumsbildung Fehler auftreten, wie sie in Kapitel 1.1 behandelt wurden. Während der Kommunikation müssen unter Zeitdruck Wörter aus dem semantischen Gedächtnis abgerufen werden. Der Zeitdruck kann dazu führen, daß eine übliche Regel zur Präteritumsbildung englischer Verben eingesetzt wird (statt ate wird eated gesagt), obwohl der Sprecher die korrekte Form kennt, die aber augenblicklich nicht abgerufen werden konnte. Ähnlich verhält es sich mit den schematheoretischen Resultaten. Sie zeigen im Hinblick auf die Prozesse der Abstraktion, Interpretation und Integration nicht nur ein Gedächtnis für Bedeutung und gedankliche Konstruktionen, sondern *auch* ein Gedächtnis für die tatsächlich vorgekommenen Informationen an, das häufig um so deutlicher zutage tritt, je geringer der Zeitdruck beim Abruf ist.

Rekonstruktion
Die Rekonstruktion ist nach der prototypischen Theorie eine zwangsläufige Folge der Reduktion der Informationen aufgrund der Selektion und Abstraktion. Für das Auftreten rekonstruktiver Prozesse beim Abruf gibt es viele bestätigende Befunde. Zweifelhaft ist aber, ob es sich wirklich um zwangsläufig ablaufende Prozesse handelt. Gegen diese Annahme sprechen Befunde, die zeigen, daß Vpn zu genauen Reproduktionen fähig sind, wenn sie sich nicht auf ein Schema beim Abruf der Information verlassen können. Stellen wir uns eine Geschichte vor, die von einem Mann handelt, der im Wald herumschleicht, sich mehrfach ängstlich umblickt und sorgfältig jedes Geräusch zu vermeiden trachtet. Eine solche Geschichte ist unter dem Titel „Auf der Jagd", aber auch unter der Überschrift „Der entsprungene Häftling" verständlich.

Vpn, die diese Geschichte unter dem Titel „Auf der Jagd" gehört haben, werden einige Tage später bei der Wiedergabe der Jagdgeschichte auf ihr Wissen zurückgreifen und die Inhalte der Geschichte eher rekonstruieren als reproduzieren. Erkennbar ist dies an kritischen Intrusionen (Nennung von Informationen, die nicht präsentiert wurden) wie „er vermied jedes Geräusch, um das Wild nicht zu erschrecken", aber auch an Auslassungen von Details, die weniger gut zum Schema passen („ängstlich"). Wenn nun anderen Vpn gesagt wird, sie sollten die Geschichte über den entsprungenen Häftling nacherzählen, werden sie protestieren, worauf der Versuchsleiter mit dem Ausdruck der Entschuldigung seinen Fehler eingesteht und mitteilt, die vor einigen Tagen gehörte Geschichte hätte nicht den Titel „Auf der Jagd", sondern „Der entsprungene Häftling" gehabt. Beim Abruf der Information können sich diese Vpn nicht auf ein Schema verlassen und müssen die Reproduktion versuchen. Eine Untersuchung von Hasher & Griffin (1978) war nach diesem Muster angelegt. Sie zeigt, daß, wenn Vpn sich beim Abruf nicht auf ein Schema stützen können, viel genauer reproduziert wird, als die prototypische Schematheorie erwarten läßt. Das Rekonstruieren ist eher ein bequemer als erzwungenermaßen auftretender Abruf von Informationen. Wenn wir die letzten Ausführungen auf die Darstellungen in Kapitel 2.3 beziehen, so läßt sich sagen, daß ein Wissen immer auch ein Generieren von Informationen ermöglicht. Verlassen sich Vpn auf dieses Wissen, so liegt offenbar ein Defizit bei der Wiedererkennensprüfung vor, die wenig sorgfältig geschieht. Es kommt zu typischen rekonstruktiven Fehlern. Können sich Vpn auf das Schema nicht verlassen, geschieht diese Prüfung sorgfältiger. Die Anzahl rekonstruktiver Fehler ist geringer.

Interpretation

Gemäß der prototypischen Schematheorie werden die Informationen in der Enkodierphase interpretiert. Auf der Grundlage des Wissens werden Schlüsse gezogen, die für das Verstehen notwendig sind. Diese manifestieren sich in Gedächtnisprüfungen als Fehler, insofern das, was erschlossen wurde, als vorgekommen erinnert wird. Es handelt sich um konstruktive Fehler, die Schlußfolgerungen während der Enkodierung der Informationen anzeigen, während rekonstruktive Fehler erst beim Abruf der Informationen entstehen.

Ein Beispiel für das Interpretieren von Informationen ist eine Untersuchung von Bransford und Mitarbeitern (vergleiche Bransford, 1979), in der einigen Vpn Passagen wie die folgende dargeboten wurden: „John versuchte, das Vogelhaus zu befestigen. Er schlug gerade den Nagel ein, als sein Vater herauskam, um ihn zu beobachten und ihm zu helfen." Andere Vpn hörten: „John versuchte, das Vogelhaus zu befestigen. Er suchte gerade nach dem Nagel, als sein Vater herauskam, um ihn zu beobachten und ihm zu helfen." Üblicherweise schlägt man einen Nagel mit dem Hammer ein, der nicht erwähnt wird. Die erste Passage legt mit größerer Wahrscheinlichkeit die Präsenz dieses Werkzeugs nahe als die zweite. Das Erschließen des Hammers zeigt sich in der Wiedererkennensprüfung an: Die Vpn, die die erste Passage gehört haben, erinnern weit häufiger als die anderen Vpn, daß John den Nagel mit einem Hammer eingeschlagen hat.

Interpretative Prozesse sind oftmals experimentell aufgezeigt worden. Das Buch von Bransford (1979) bietet hierfür viele Beispiele. Allerdings gilt auch hier, daß neben den gedanklichen Konstruktionen bis zu einem gewissen Grad auch die tatsächlich dargebotenen Informationen erinnert werden.

Integration

Der Prozeß der Integration meint, daß während der Enkodierung aus einzelnen Informationen eine ganzheitliche Repräsentation konstruiert wird. Viele Beispiele, von denen wir zwei behandeln, finden sich in dem Buch von Bransford (1979). Oftmals untersucht worden sind die linearen Anordnungen. Nehmen wir an, den Vpn werde eine ganze Anzahl von Sätzen dargeboten, die sich alle im Einklang mit der relativen räumlichen Position von Tieren, die in einer Reihe von links nach rechts stehen, befinden. Zu den dargebotenen Sätzen gehören etwa „Der Löwe steht links vom Bären" oder „Die Giraffe steht rechts vom Elch". Es werden so viele Sätze dargeboten, daß aus ihnen die Anordnung aller Tiere von links nach rechts erschlossen werden kann (Löwe, Bär, Elch, Giraffe, Kuh). Zu dieser Anordnung gehören Aussagen, die niemals dargeboten worden sind (beispielsweise "der Löwe steht links von der Kuh"), während andere Aussagen wie „Die Giraffe steht links vom Bären" nicht zu dieser Anordnung passen (Nicht-Fälle). Daß eine ganzheitliche Repräsentation aus den einzelnen Sätzen konstruiert worden ist, zeigt sich, wenn nicht vorgekommene, zur Anordnung passende Sätze mit hoher Wahrscheinlichkeit als dargeboten wiedererkannt werden, während „Nicht-Fälle" als neu zurückgewiesen werden. Dieses Ergebnis tritt unter einer Bedingung ein, auf die wir noch eingehen werden.

In einem anderen Experiment haben Bransford & Franks (1971) ihren Vpn Sätze dargeboten, die zu komplexen Ganzheiten zusammengefügt werden können. Aus den komplexen Sätzen „Das Mädchen, das nebenan wohnt, zerbrach das große Fenster in der Veranda" oder „Das alte Auto, das den Anhänger zog, erklomm den steilen Hügel" können Bruchstücke durcheinander gemischt so dargeboten werden, daß die komplexen Sätze erschlossen werden können („Das Mädchen zerbrach das Fenster in der Veranda", „Das Auto war alt", „Das Auto erklomm den steilen Hügel", „Das Mädchen wohnt nebenan" und so weiter). Wichtig ist, daß die beiden genannten komplexen Sätze nicht präsentiert wurden; nur Bruchstücke, aus denen sie zusammensetzbar sind, wurden dargeboten. Im späteren Wiedererkennenstest erkannten die Vpn diese komplexen Sätze dennoch mit hoher Wahrscheinlichkeit wieder. Zusätzlich haben die Autoren erhoben, wie sicher sich die Vpn ihres Urteils waren. Es herrschte größte subjektive Sicherheit bezüglich des Vorkommens dieser nicht dargebotenen komplexen Sätze vor. Unterschiede zu tatsächlich dargebotenen komplexen Sätzen bestanden hinsichtlich der subjektiven Sicherheit und des Wiedererkennens nicht. Da Nicht-Fälle wie „Das Mädchen, das nebenan wohnt, erklomm den steilen Hügel" als nicht vorgekommen zurückgewiesen wurden, schließen die Autoren, daß Informationsbruchstücke im Gedächtnis ganzheitlich repräsentiert werden.

Die bisherigen Beispiele bezogen sich auf den Neuerwerb eines Wissens bzw. die Konstruktion von Schemata. Für die Integration von Informationen scheinen auch Untersuchungen zu sprechen, die eher mit der Modifikation eines bestehenden Schemas befaßt sind. Solche Untersuchungen sind beispielsweise zur Glaubwürdigkeit von Zeugenaussagen durchgeführt worden. Nehmen wir an, den Vpn werde ein Film über einen Verkehrsunfall präsentiert, in dessen Verlauf ein Verkehrsteilnehmer ein Vorfahrt-achten-Schild nicht beachtet. Später wird in einer Befragung eine Falschinformation eingeführt („Haben Sie das Stopschild gesehen?"). Ein abschließender Wiedererkennenstest im Paradigma der erzwungenen Wahl enthält als kritisches Paar neben anderen Paaren die Angaben „Stopschild" versus „Vorfahrt-achten-Schild". Die Untersuchungen von Loftus (1979) demonstrierten, daß die Vpn mit hoher Wahrscheinlichkeit die nachträglich eingeführte Falschinformation erinnern. Diese scheint also das vorher erworbene Wissen über den Unfall zu ändern. Es entsteht eine Gedächtnisrepräsentation der Ereignisse, in die die neue Information integriert wird. Allerdings wissen wir heute, daß die Ergebnisse von Loftus spezifisch für ihre Methode sind. Diese sieht in der Testphase die Präsentation aller Ereignisse mit jeweils einem Distraktor in *Zufallsfolge* vor, so daß es zu einer Abweichung von der Aufeinanderfolge der Ereignisse in der Enkodierphase kommt. Wird aber diese Abfolge im Wiedererkennenstest hergestellt, so zeigt sich, daß die kritische Information („Vorfahrt-achten-Schild") und nicht die Falschinformation erinnert wird (Bekerian & Bowers, 1983). Gemäß der Hypothese der Enkodierspezifität lagen in den Untersuchungen von Loftus ungünstige Abrufbedingungen vor. Die Ergebnisse von Bekerian & Bowers demonstrieren, daß das ursprüngliche Wissen durch die Falschinformation nicht verändert wird, wohl aber nicht abrufbar sein kann.

Auch gegenüber den Ergebnissen zum Schemaerwerb sind gewisse Vorbehalte angebracht. Zu den linearen Anordnungen führt Bransford (1979) selbst aus, daß die berichteten Ergebnisse dann entstehen, wenn die Vpn ausdrücklich vor der Darbietung der Sätze informiert werden, eine integrierte Repräsentation aller Informationen zu bilden. Bei den Vpn, die instruiert werden, sich die Sätze, die später erinnert werden müßten, einzuprägen, treten Resultate, welche für eine integrierte Repräsentation aller Informationen sprechen, nicht ein. Diese Relativierung steht im Einklang mit dem Prinzip des transferangemessenen Verarbeitens. Auch bezüglich der Ergebnisse von Bransford & Franks (1971) hat Bransford (1979) später selbst dargelegt, daß die Interpretation der Resultate dahingehend, daß *nur* die ganzheitlichen Ideen erinnert würden, während kein Gedächtnis für die spezifischen Informationen vorliege, übertrieben sei. Auszugehen ist davon, daß die Vpn trotz einer ganzheitlichen Repräsentation der Informationen durchaus noch bis zu einem gewissen Grad dazu in der Lage sind, die spezifischen Informationen zu erinnern.

c) Konzept- und datengesteuertes Lernen

Die Ausführungen zur prototypischen Schematheorie implizieren die Auffassung vom Lernen als einem konzeptgesteuerten Vorgang: Neue Informationen werden im Lichte eines vorhandenen Wissens verarbeitet. Lernen heißt, neue Informationen in ein vorhandenes Schema einzubetten.

Wie aber wird dieses Wissen erworben? Auf diese Frage liegt die Antwort nahe, daß es ein Lernen ohne Wissen (datengesteuertes Lernen) geben muß; denn wollte man jedes Lernen als eine konzeptgesteuerte Informationsverarbeitung begreifen, bliebe unerklärt, woher das für diese Lernvorgänge benötigte Wissen kommt. In Kapitel 1 sind wir auf verschiedene Beispiele eingegangen, die ein datengesteuertes Lernen zu demonstrieren scheinen. Wir haben aber auch das biologisch vorbereitete Lernen behandelt. Danach sind Organismen phylogenetisch darauf vorbereitet, zwei interne oder zwei externe Reize miteinander zu verknüpfen. Wenn wir von einem evolutionären „Wissen" sprechen wollen, handelt es sich auch hier um ein „konzeptgesteuertes" Lernen. Auch die Demonstration eines impliziten Lernens grammatikalischer Regeln schließt nicht aus, daß es nur Organismen möglich ist, die für ein sprachliches Lernen vorbereitet sind. Der nativistische Standpunkt Chomskys wird durch die Demonstration impliziten Lernens nicht unbedingt invalidiert (vergleiche Kapitel 1.1). Ob wir in derartigen Fällen von einem konzeptgesteuerten Lernen sprechen wollen, hängt allein davon ab, wie weit der Begriff des Wissens gefaßt wird. Der Einbezug eines phylogenetisch bedingten Vorbereitetseins würde vermutlich zu dem Resultat führen, daß kein Lernprozeß als datengesteuert angesehen werden kann. Eine derartige Auffassung, die eine Folgerung aus einer erweiterten Definition des Wissensbegriffes ist, scheint sich immer mehr durchzusetzen. Faßt man unter Bezugnahme auf Abbildung 5 den Begriff des Wissens enger, sind nur solche Lernvorgänge als konzeptgesteuert anzusehen, die vom deklarativen (semantischer LZS) und prozeduralen Wissen (prozeduraler LZS) beeinflußt werden. Dann gibt es auch datengesteuerte Lernvorgänge, die dieses Wissen erst erzeugen.

d) Der Einbezug alternativer Theorien

Bei der Darstellung der Befunde zur prototypischen Schematheorie wurde schon auf Resultate hingewiesen, die nicht zu ihren Annahmen passen. Dies verweist darauf, daß die schematheoretisch inspirierte Gedächtnisforschung, die bedeutsame Befunde erbracht hat, nicht losgelöst von der übrigen Gedächtnispsychologie gesehen werden sollte. Vielmehr erscheint es angebracht, deren Ergebnisse und Erklärungsprinzipien mit denen der Schemaforschung zu verknüpfen. Wir haben bereits darauf hingewiesen, daß der Einbezug der Prinzipien der Enkodierspezifität und des transferangemessenen Verarbeitens wichtig ist, um Resultaten gerecht werden zu können, die nicht im Einklang mit schematheoretischen Annahmen stehen. Auf weitere notwendig erscheinende Ergänzungen kommen wir jetzt zu sprechen.

Im Hinblick auf die interpretativen und integrativen Prozesse entsteht ein Erklärungsdefizit der Schematheorie insofern, als sie keine Auskunft darüber gibt, warum *auch* ein korrektes Gedächtnis für die tatsächlich dargebotenen Informationen vorliegt. Die Schematheorie richtet das Augenmerk auf die konstruktiven Fehler. Diese zeigen ein Lernen von Relationen an, das absichtlich oder ohne Absicht erfolgen kann. Wenn Bransford (1979) darauf verweist, daß nur bei einer Instruktion zur integrativen Repräsentation aller Informationen nicht dargebotene Ereignisse, die zu einer linearen Anordnung gehören, als vorgekommen erinnert werden, liegt ein Lernen vom Typ III vor (vergleiche Tabelle 3). Daneben werden auch ohne Intention Informationsbruchstücke zu Ganzheiten integriert, was einem Lernen vom Typ IV entspricht. Auf diese Lernformen ist außerhalb der schemaorientierten Gedächtnisforschung in der Gedächtnispsychologie selten Bezug genommen worden. Aber die Experimente zeigen neben den konstruktiven Fehlern *auch* ein korrektes Gedächtnis für die dargebotenen Informationen auf. Häufig wird zwar zu den gedanklichen Konstruktionen falscher Alarm geschlagen, aber die Gedächtnisleistung T-F ist doch größer als Null (vergleiche Kapitel 2.3). Dieses korrekte Erinnern wird durch die Schematheorie nicht erklärt. Deshalb ist es wichtig, die Schematheorie an dieser Stelle durch eine Theorie zu ergänzen, die nicht nur konstruktive Fehler, sondern auch korrektes Erinnern zu erklären vermag. Diese Theorie der *Realitätsüberwachung* von Johnson & Raye (1981) geht davon aus, daß nicht nur externe, sondern auch interne Ereignisse (Gedanken) Gedächtnisspuren hinterlassen. Oftmals sind diese Gedächtnisspuren gut voneinander unterscheidbar, was dazu führt, daß externe Ereignisse auch richtig als Bestandteil einer Lernepisode wiedererkannt werden. Die Unterscheidbarkeit der Gedächtnisspuren ist unter anderem darauf zurückzuführen, daß externe Ereignisse eher automatisch, ohne kognitiven Aufwand enkodiert werden, während konstruktive Prozesse häufig einen operativen Aufwand erforderlich machen. Wenn aber der operative Aufwand als differenzierendes Merkmal für extern und intern erzeugte Gedächtnisspuren ausfällt, weil die konstruktiven Prozesse automatisch ablaufen, kommt es nach dieser Theorie zu den berichteten falschen Alarmen. Neue Methoden zur Erfassung des Quellengedächtnisses (ist das Ereignis Bestandteil einer Lernepisode gewesen oder wurde es selbst generiert?) ermöglichen es, schematheoretische Auffassungen mit der Theorie der Realitätsüberwachung zu verknüpfen (Erdfelder & Bredenkamp, im Druck).

Weiterhin erscheint es angebracht, kurz auf die Psychologie der Textverarbeitung einzugehen. Wie bereits erwähnt wurde, muß die Bedeutung einer Information in einem Format repräsentiert sein, das unabhängig vom genauen Wortlaut ist. Die Repräsentationsform für die Bedeutung der Aussagen „Otto meidet die Mädchen" und „Die Mädchen meidet Otto" sollte dieselbe sein. Als Darstellungsform für die Bedeutung eignet sich die *Proposition*. Propositionen setzen sich aus einem Prädikat und wenigstens einem Wortkonzept (Argument) zusammen, wobei das Prädikat immer an erster Stelle steht und alle Terme durch Kommata voneinander getrennt werden. Die propositionale Schreibweise der oben genannten Sätze würde also wie folgt aussehen: (meiden, Otto, Mädchen). Bei zwei Argumenten tritt das Subjekt eines Satzes in der propositionalen Schreibweise hinter dem Prädikat als erstes, das Objekt als zweites Wortkonzept auf. Zerlegen wir nun den Satz „Das alte Auto, das den Anhänger zog, erklomm den steilen Hügel" in einzelne Propositionen, die wir früher Ideeneinheiten genannt haben. Es ergibt sich:

P_1: (alt, Auto) repräsentiert die Information „das Auto ist alt";

P_2: (ziehen, Auto, Anhänger) repräsentiert die Information „das Auto zieht den Anhänger";

P_3: (erklimmen, Auto, Hügel) repräsentiert die Information „das Auto erklimmt den Hügel";

P_4: (steil, Hügel) repräsentiert die Information „der Hügel ist steil".

Würde in dem komplexen Satz, dem vier Propositionen zugrunde liegen, der Relativsatz durch einen Hauptsatz, der mit

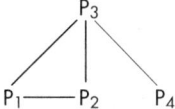

Abb. 9: Textbasis, der vier Propositionen zugrunde liegen

dem zweiten Hauptsatz durch ein „und" verbunden wird, ersetzt werden, änderte sich an der propositionalen Darstellung nichts. Wie man erkennt, wiederholt sich das Argument „Auto" in der propositionalen Darstellung dreimal. Anhand solcher Wiederholungen lassen sich Propositionen ordnen. Eine hierarchische Darstellung dieser Ordnung, die Textbasis genannt wird, zeigt Abbildung 9.

Wir haben bisher von der propositionalen *Darstellung* gesprochen. Ob Propositionen im Gedächtnis abgespeichert werden, ist eine andere Frage, die empirisch untersucht werden muß. Hierfür gibt es viele bestätigende Befunde, auf die hier nicht eingegangen werden kann (vergleiche dazu Bredenkamp & Erdfelder, 1996). Hinsichtlich der Textbasis hat Walter Kintsch, auf den dieser Ansatz zurückgeht, herausgefunden, daß Informationen, denen eine in der Textbasis weiter oben angeordnete Proposition zugrunde liegt, besser reproduziert werden als Ereignisse, die in der Textbasis weiter unten repräsentiert sind (Ebenen-Effekt).

Wenden wir nun diesen propositionalen Ansatz auf Beispiele an, die schon behandelt worden sind. Wie Abbildung 9 zeigt, werden Propositionen in der Textbasis vertikal und horizontal miteinander verknüpft. Eine hierarchische Repräsentation von Informationen entspricht einem elaborierten Verarbeiten (vergleiche Kapitel 2.2), das günstige Abrufbedingungen auf dem indirekten Weg bei der freien Reproduktion schafft (vergleiche Kapitel 2.3). Auf Abbildung 9 bezogen ist P_3 ein Abrufhinweis für die untergeordneten Propositionen. Die Verfügbarkeit von P_3 ist eine Voraussetzung für die Reproduktion der Informationen, denen die in der Textbasis weiter unten angeordneten Propositionen zugrunde liegen. Aus diesem Grund tritt der Ebenen-Effekt ein.

Aber auch die horizontale Verknüpfung, die eine Ähnlichkeit zum Memorieren von Relationen in dem Experiment von Rundus (1971) aufweist, führt zu günstigen Abrufbedingungen. Wenn P_1 abrufbar ist, sollte dies die Wahrscheinlichkeit der Reproduktion der Information, der P_2 zugrunde liegt, erhöhen, während P_1 keine Abrufinformation für P_4 liefert (vergleiche Abbildung 9).

Beziehen wir nun diese Ausführungen auf einen längeren Text. Hier sollte eine Proposition, die das Thema repräsentiert, an der Spitze der Textbasis stehen. Ohne dieses Thema gelingt es, wie die Untersuchung zum Wäschewaschen-Text zeigt, nur schlecht, den Text zu verstehen und zu reproduzieren. Im Rahmen der Textverarbeitungstheorie von Kintsch heißt dies, daß keine horizontalen Verknüpfungen zwischen den abstrakten Informationen und zu einer übergeordneten Proposition, die das Thema repräsentiert (vertikale Verbindung), gebildet werden können (kein Verstehen). Es fehlen dann auch die Abrufhinweise, so daß es zu den berichteten Reproduktionsschwierigkeiten kommt. Andererseits ist die Wiedererkennensleistung unabhängig von der Präsentation des Themas. Dies verweist genau wie die Tatsache, daß bis zu einem gewissen Grad auch ein Gedächtnis für den genauen Wortlaut oder die syntaktische Struktur vorliegt, darauf, daß eine Textverarbeitung neben der propositionalen Textbasis auch noch zu einer Repräsentation der linguistischen Oberflächenstruktur führt.

Zusätzlich zu diesen beiden Repräsentationsformen benennen Kintsch und Ericsson (1996) als Resultat der Textverarbeitung noch das Situationsmodell, das Textinformationen und Vorwissen integriert. Genau an dieser Stelle wird die Schematheorie relevant. Sie bezieht sich auf das Situationsmodell und ergänzt rein propositionale Textverarbeitungstheorien. Kintsch und Ericsson betonen, daß bei der Verknüpfung des Vorwissens mit den Textinformationen häufig andere als propositionale Repräsentationsformen eine Rolle spielen. Dies zeigt sich etwa bei den linearen Anordnungen. Nehmen wir an, aufgrund der integrativen Verarbeitung von Sätzen sei das Wissen über die Anordnung der Tiere von links nach rechts in dieser Folge erworben worden: Löwe, Bär, Elch, Giraffe, Kuh. Nicht dargeboten wurde der zu dieser Anordnung passende Satz „Der Löwe steht links von der Kuh". Er wird aber häufig nicht nur fälschlich wiedererkannt, sondern die Geschwindigkeit, mit der diese Aussage als richtig verifiziert wird, übertrifft die der Verifikation der tatsächlich in der Lernphase dargebotenen Information „der Löwe steht links vom Bären". Je weiter in der Anordnung die Tiere auseinander stehen, um so schneller wird eine zur Anordnung passende Aussage verifiziert. Das läßt sich mit der Hypothese einer propositionalen Repräsentation nicht erklären. Aus den propositionalen Repräsentationen dargebotener Sätze müßte die Proposition (links, Löwe, Kuh) erst erschlossen werden. Ein derartiger Schluß beansprucht Zeit. Das sollte dazu führen, daß erschlossene Informationen langsamer als dargebotene verifiziert werden. Die Ergebnisse sind aber genau entgegengesetzt und legen die Annahme einer analogen Repräsentation nahe. Analog meint hier, daß Ergebnisse in Analogie zu Wahrnehmungsexperimenten auftreten, so daß von einer Repräsentation der Informationen als bildhafte (räumliche) Vorstellung auszugehen ist. Diese kommt neben der Proposition als Repräsentationsformat des Situationsmodells in Frage.

Wenn Textverarbeitungstheorien das Situationsmodell einbeziehen, sind sie mit Phänomenen befaßt, welche auch zum Gegenstandsbereich der Schematheorie gehören, die darüber hinaus aber noch weitere Gegenstände hat, auf die wir hier nicht eingehen. In diesem Fall gibt es nur graduelle Unterschiede. Das, was Abstraktion genannt wurde, wird in Textverarbeitungsmodellen sehr viel ausführlicher als in der Schematheorie als propositionale Repräsentation behandelt, während das Situationsmodell unter den Stichwörtern Interpretation und Integration in der Schematheorie ausführlicher behandelt wird. Das neue Textmodell von Kintsch (vergleiche Kintsch & Ericsson, 1996) geht aber der Realität entsprechend nicht davon aus, daß langfristig *nur* die Bedeutung erhalten bleibt.

Wir wollen jetzt noch einen Blick auf die Selektion von Informationen während ihrer Enkodierung werfen. Das fälschliche Wiedererkennen von skripttypischen Informationen wurde als Selektionseffekt in der Enkodierphase interpretiert. Im Unterschied zu nicht verstehbaren Texten, für die eine vertikale und horizontale Propositionsverknüpfung erschwert ist, liegt hier in der Sprache der Textverarbeitung ein anderes Defizit vor. Da auch nicht dargebotene skripttypische Informationen bereits Bestandteil des Situationsmodells sind, müssen derartige Ereignisse einem Prinzip der kognitiven Ökonomie entsprechend nicht erst mit dem Vorwissen integriert werden, bevor sie erinnert werden können. Wir können das anhand der Abbildung 9 auch anders ausdrücken. Das Argument „Auto" tritt in den Propositionen P_1, P_2 und P_3 auf, obwohl es in der Textoberfläche nur einmal vorkommt. Es wird häufiger memoriert als andere Argumente. Wenn Informationen nicht im episodischen LZS repräsentiert werden, weil sie bereits zum Situationsmodell gehören, setzt das ein fehlendes Memorieren voraus. Dieses meint nicht nur ein bloßes Wiederholen, sondern es tritt auch als kognitiv tiefe Verarbeitung für atypische Informationen auf, die weniger gut zur repräsentierten Ereignissequenz passen. Das Registrieren einer Abweichung zwischen dem, was erwartet, und dem, was gelesen wird, initiiert derartige Verarbeitungsprozesse. Memorierprozesse spielen im Gegensatz zur typischen Schematheorie in Theorien der Textverarbeitung eine wichtige Rolle, und bezüglich der Verarbeitung von Skriptinformationen haben Erdfelder & Bredenkamp (im Druck) Resultate erhalten, die unter Bezugnahme auf ein mehr oder weniger elaboriertes Verarbeiten erklärt werden können. Elaborierte Verarbeitungsprozesse können ihren Ergebnissen zufolge auch für skripttypische Informationen induziert werden, die dann genauso gut wie wenig typische Ereignisse erinnert werden.

Zusammenfassend läßt sich sagen, daß die Schematheorie wichtige Forschungen angeregt hat und viele Ergebnisse zusammenzufassen versucht. Dort, wo Erklärungslücken bestehen oder falsche Prognosen über experimentelle Resultate entwickelt werden, muß sie um andere Hypothesen, die sich außerhalb der Schemaforschung bewährt haben, ergänzt werden. In Erwägung gezogen wurden die Prinzipien der Enkodierspezifität und des transferangemessenen Verarbeitens, die Rolle der Elaboriertheit der Verarbeitung, die Theorie der Realitätsüberwachung sowie die der Textverarbeitung. Mit Ausnahme der letzteren haben sich diese Hypothesen hauptsächlich in Untersuchungen mit isolierten Wörtern bewährt. Die Wahl dieser Materialien sagt also nichts über die Relevanz dieser Hypothesen für die Textverarbeitung aus (vergleiche Kintsch & Ericsson, 1996). Die wichtigste Ergänzung durch die Schematheorie bezieht sich auf die Integration der Informationen mit dem Vorwissen. Dadurch wurde das Augenmerk auf konzeptgesteuerte Lernvorgänge vom Typ III und IV gelenkt, die außerhalb der Schematheorie selten Gegenstand der Forschung gewesen sind.

2.5 Anwendungen der Gedächtnispsychologie

Unsere Darstellungen haben sich auf experimentelle Untersuchungen in der Gedächtnispsychologie beschränkt. Die experimentelle Methode ist optimal, um den Einfluß von Störfaktoren, die nicht zu den zu prüfenden gedächtnispsychologischen Hypothesen gehören, zu kontrollieren. Kontrolltechniken werden eingesetzt, um Scheinbestätigungen oder -widerlegungen der Hypothesen zu vermeiden. Dies ist wichtig, weil nur solche Hypothesen, die sich empirisch bewährt haben, zur Erklärung weiterer Phänomene herangezogen werden können. Fälschliche Widerlegungen oder Bestätigungen sind also zu vermeiden, und dazu bedarf es der Kontrolle möglicher Fehlerquellen (vergleiche Bredenkamp, 1996). Der experimentelle Ansatz in der Psychologie ist also dem Ziel verpflichtet, Erklärungen leisten zu können. Sekundär ist in der Wissenschaft die Frage, ob sich bewährte Hypothesen auch anwenden lassen. Nicht gemeint ist mit dieser Aussage, daß diese Frage unwichtig wäre, sondern daß Wissenschaftler primär das Ziel der Erklärung verfolgen. Ein ganz anderes Problem ist das der Anwendung. Inwieweit lassen sich also gedächtnispsychologische Hypothesen oder ganze Theorien, die verschiedene Hypothesen zusammenfügen, anwenden?

Schon die Formulierung dieser Frage zeigt, daß es nicht um die Verallgemeinerung experimenteller Resultate auf eine außerexperimentelle Realität geht. Dies ist aus logischen Gründen unmöglich. Die Frage der Anwendung bezieht sich immer auf *Hypothesen* und *Theorien*, die in kontrollierten, oftmals künstlichen Experimenten geprüft worden sind. Mit Wippich und Mecklenbräuker (1996) werden drei Anwendungstypen unterschieden, auf die hier summarisch eingegangen werden soll. Detailliertere Informationen gibt insbesondere das „Lehrbuch der angewandten Gedächtnispsychologie" von Wippich (1984, 1985). Der erste Anwendungsbegriff bezieht sich auf eine technologische Anwendung. Sie fragt nach den Maßnahmen, die man ergreifen muß, um erwünschte Effekte erzielen zu können. Auf technologische Anwendungen lernpsychologischer Hypothesen in der Verhaltenstherapie sind wir schon verschiedentlich zu sprechen gekommen. Die Verhaltenstherapie entnimmt lernpsychologischen Theorien Bausteine für den Entwurf von Techniken, die zur Beseitigung psychischer Störungen führen sollen. Inwieweit eine derartige Umsetzung grundlagenwissenschaftlicher Theorien erfolgreich ist, muß gesondert geprüft werden. Derartige Forschungen evaluieren die Effektivität von Psychotherapien. Technologische Anwendungen gedächtnispsychologischer Hypothesen betreffen beispielsweise Maßnahmen zur Verbesserung des intendierten Erinnerns von Vokabeln einer fremden Sprache. Hierfür kommen Strategien des elaborierten Verarbeitens in Frage, die über die Bildung integrierender Vorstellungsbilder zu einer Verknüpfung der Wörter aus verschiedenen Sprachen führen und effektive Abrufhinweise zur Verfügung stellen (vergleiche Kapitel 2.2). Techniken, die auf diesem Konzept beruhen, führen auch zur Verringerung von Gedächtnisproblemen lernschwacher Schüler. Nähere Informationen zu diesen Techniken, die auf bewährte gedächtnispsychologische Hypothesen zurückgreifen, finden sich bei Wippich (1984, Kapitel 4) und

Wippich & Mecklenbräuker (1996). Meinem Eindruck nach ist die technologische Anwendungsforschung im Bereich der Gedächtnispsychologie allerdings längst nicht so weit fortgeschritten wie in der Lernpsychologie.

Der zweite Anwendungsbegriff bezieht sich auf die quasi-paradigmatische Anwendung. Damit ist gemeint, daß eine Theorie aus der Gedächtnispsychologie auf ein anderes Gebiet der Psychologie übertragen wird. Ein derartiger wissenschaftsimmanenter Anwendungsfall liegt etwa vor, wenn schematheoretische Konzeptionen auf Gegenstandsbereiche der Sozialpsychologie übertragen werden. Wippich & Mecklenbräuker (1996) behandeln auch die Amnesieforschung als quasi-paradigmatischen Anwendungsfall der Gedächtnispsychologie. Dies erscheint berechtigt, weil die klinische Amnesieforschung und die gedächtnispsychologische Grundlagenforschung einst getrennt waren. Heute sind sie allerdings eng miteinander verzahnt (vergleiche Parkin & Leng, 1993). Die Amnesieforschung wirkt zurück auf die Grundlagenforschung. Befunde aus der Amnesieforschung haben beispielsweise die Notwendigkeit der Trennung von KZS und LZS bekräftigt, und ständig werden neue Befunde auf ihre Implikationen für die Theoriebildung in der Gedächtnispsychologie untersucht (Parkin & Leng, 1993, Kapitel 8). Besonders wichtig erscheint der Befund der Dissoziation direkt und indirekt erfaßter Gedächtnisleistungen bei organischen Amnesien. Nach der Erkrankung aufgenommene Informationen können langfristig nicht erinnert werden (anterograde Amnesie), während indirekt erfaßte Gedächtnisleistungen normal ausgebildet sind. Die anterograde Amnesie – beispielsweise kann der Betreuer nach wenigen Minuten nicht wiedererkannt werden – geht wenigstens teilweise auf die fehlende Enkodierung von Kontextinformationen zurück, die hilfreich für den Abruf sind (Enkodierspezifität). Daß das nicht intendierte Erinnern (indirekt erfaßte Gedächtnisleistung) möglich ist, eröffnet neue Perspektiven der beruflichen Rehabilitation organischer Amnestiker, die allerdings ihre Grenzen hat. Geschädigt ist bei ihnen hauptsächlich der episodische LZS, so daß die Möglichkeit besteht, neue Prozeduren – wie etwa die Bedienung von Computern – langfristig zu erlernen. Mit der Unterweisung verbundene episodische Informationen (etwa die Person des Lehrers) werden aber nicht erinnert. Das Beispiel zeigt zugleich, daß die Anwendungsbegriffe nicht strikt auseinanderzuhalten sind. Programme zur Vermittlung prozeduraler Fertigkeiten sind eher unter dem Gesichtspunkt einer technologischen Anwendung zu sehen.

Der dritte Anwendungsbegriff bezieht sich auf die Ausdehnung der gedächtnispsychologischen Forschung auf den Alltag. Einen guten Überblick auf die Alltagsgedächtnisforschung vermittelt das Buch von Cohen (1996). Der Begriff „Alltagsgedächtnis" ist vage. Die Nennung einiger Gegenstände des Buches von Cohen vermittelt einen Eindruck, um was es geht: um das Gedächtnis für Handlungsabsichten, das Gedächtnis von Augenzeugen, das Gedächtnis für Gesichter, Stimmen und Namen, das Gedächtnis für persönliche Erlebnisse (autobiographisches Gedächtnis), für Texte, Gedanken und Träume. Manches, was in dem Buch von Cohen ausführlich dargestellt wird, wurde auch hier relativ ausführlich abgehandelt (Schematheorie, Realitätsüberwachung, Textverarbeitung). Andere Bezüge zum Alltagsgedächtnis wurden nur nebenbei (beispielsweise autobiographisches Gedächtnis, Augenzeugengedächtnis) oder gar nicht erwähnt (beispielsweise Gedächtnis für Gesichter). Das liegt nicht daran, daß die Grundlagenforschung zu diesen Themen nichts oder nicht viel zu sagen hätte, sondern der begrenzte Raum machte die Konzentration auf einen Kernbestand an Forschungen notwendig. Dieser ist auch dann potentiell relevant, wenn Anwendungen noch nicht versucht wurden. Alles, was etwa zum inzidentellen Lernen und zum nicht intendierten Erinnern gesagt wurde, ist von Wichtigkeit für das Gedächtnis in alltäglichen Situationen, in denen Informationen weit häufiger inzidentell als intentional aufgenommen und ohne Absicht vielfältig genutzt werden (Wippich & Mecklenbräuker, 1996).

Abschließend soll noch ein Problem angesprochen werden, das sich ergibt, wenn die Alltagsgedächtnisforschung von der

Grundlagenforschung abgekoppelt wird. Diese Abtrennung ist von manchen Forschern propagiert worden, da die experimentelle Forschung die interessantesten Probleme nicht untersucht habe und ihre Ergebnisse trivial und nicht generalisierbar auf den Alltag seien. Diese Ansicht wird heute allerdings wohl kaum noch geteilt (vergleiche Cohen, 1996). Wir wollen eine methodologische Begründung für die Unsinnigkeit der Abtrennung der Alltagsgedächtnisforschung von der Grundlagenforschung nachliefern. Die Untersuchung des Alltagsgedächtnisses im natürlichen Kontext macht häufig den Einsatz von Methoden der Befragung erforderlich, deren Aussagekraft begrenzt ist. Die Richtigkeit dessen, was ein Proband mitteilt, ist auch dann zu hinterfragen, wenn eine Täuschungsabsicht nicht unterstellt wird. Zum einen sind nicht alle Prozesse bewußtseinsfähig, so daß über sie nichts berichtet werden kann. Die *experimentelle* Grundlagenforschung hat deutlich gemacht, daß Erfahrungsnachwirkungen nicht immer als Erinnerungen erlebt werden. Zum anderen können Vpn besten Wissens und Gewissens berichten und dennoch Fehler begehen. Vor einiger Zeit hatte ich die Gelegenheit, einen Rechenkünstler intensiv zu untersuchen. Er konnte beispielsweise die 137. Wurzel aus einer Zahl mit 1000 Ziffern ohne jedes Hilfsmittel im Kopf berechnen. Auf der Grundlage seiner Berichte über sein Vorgehen, die er in vielen Sitzungen gegeben hat, habe ich *Hypothesen* über seine Lösungsprozeduren entwickelt, die teilweise von dem, was er berichtete, abwichen. Grund für die Abweichung war, daß seine Ausführungen manchmal im Lichte der *grundlagenwissenschaftlichen* Theorien unwahrscheinlich erschienen. Deshalb wurden auch seine Aussagen nur als *Hypothesen* aufgefaßt, die im Vergleich zu anderen Hypothesen, die ich mir gebildet hatte, experimentell geprüft wurden. Diese Experimente verzichteten auf die Erhebung introspektiver Angaben, welche ausschließlich der Hypothesenbildung gedient hatten. Die Ergebnisse waren für den Rechenkünstler überraschend. Sie haben ihn veranlaßt, seine Meinung über sein eigenes Vorgehen zu ändern. Hier zeigt sich, mit welcher Unsicherheit sogar die Aussagen einer Vp behaftet sind, die über ein Lösungsverfahren berichtet, das sie selbst entwickelt hat. Der Rechenkünstler verwendete Regeln, die offenbar implizit erlernt worden waren und über die nicht berichtet werden konnte. Außerdem zeigten die Resultate Metagedächtnis-Defizite auf, insofern manchmal auftretende Berechnungsfehler an einer Stelle der Lösungsprozedur lokalisiert wurden, wo niemals Fehler auftraten. Aufgrund dieser Resultate hat der Rechenkünstler später seine Strategien verbessert. Insgesamt zeigen diese Ergebnisse, daß Befragungen in alltäglichen Situationen nützlich zur *Hypothesenbildung*, aber fragwürdig für den Test dieser Hypothesen sind (Bredenkamp, 1990). Eine von der Grundlagenforschung abgekoppelte Alltagsgedächtnisforschung, die auch das Expertengedächtnis untersucht (Cohen, 1996), ist naiv und ohne Erkenntniswert, weil sie den mit fragwürdigen Methoden erzielten Ergebnissen vertraut. Der Wert der Alltagsgedächtnisforschung liegt darin, wichtige Probleme von alltäglicher Bedeutung zu identifizieren und Hypothesen zu bilden, die dann allerdings in kontrollierten Versuchen unabhängig von den zur Hypothesenbildung eingesetzten Verfahren überprüft werden sollten.

Literatur

Alba, J. W. & Hasher, L. (1983) in Psychological Bulletin 93, 203–231.

Albert, D. & Stapf, K.-H. (1996). Gedächtnis. Göttingen: Hogrefe.

Anderson, J. R. (1985²). Cognitive Psychology and its Implications. New York: Freeman.

Atkinson, R. C. & Shiffrin, R. M. (1968) in K. W. Spence & J. T. Spence (Hrsg.), The psychology of learning and motivation, Band 2, 89–195. New York: Academic Press.

Baddeley, A. (1997³). Human Memory: Theory and Practice. Hove, UK: Psychology Press.

Bandura, A. (1976). Lernen am Modell. Stuttgart: Klett.

Bandura, A. (1976 a) in Bandura 1976, 9–67.

Bandura, A. (1976 b) in Bandura 1976, 115–129.

Bauer, M. (1979). Verhaltensmodifikation durch Modellernen. Stuttgart: Kohlhammer.

Bekerian, D. A. & Bowers, J. M.(1983) in Journal of Experimental Psychology: Human Learning and Memory 9, 139–145.

Berry, D. C. & Dienes, Z. (1993). Implicit Learning. Hove, UK: Erlbaum.

Birbaumer, N. & Schmidt, R. F. (1991²). Biologische Psychologie. Berlin: Springer.

Bransford, J. D. (1979). Human Cognition. Belmont: Wadsworth.

Bransford, J. D. & Franks, J. J. (1971) in Cognitive Psychology 2, 331–350.

Bransford, J. D. & Johnson, M. K. (1972) in Journal of Verbal Learning and Verbal Behavior 11, 717–726.

Bredenkamp, J. (1990) in: H. Feger (Hrsg.), Wissenschaft und Verantwortung, 47–70. Göttingen: Hogrefe.

Bredenkamp, J. (1996) in E. Erdfelder, R. Mausfeld, T. Meiser & G. Rudinger (Hrsg.), Handbuch Quantitative Methoden, 37–46. Weinheim: Psychologie Verlags Union.

Bredenkamp, J. & Erdfelder, E. (1996) in Albert & Stapf, 1–94.

Bredenkamp, J. & Vaterrodt, B. (1992) in Sprache und Kognition 11, 14–26.

Bredenkamp, J. & Wippich, W. (1977 a). Lern- und Gedächtnispsychologie, Band 1. Stuttgart: Kohlhammer.

Bredenkamp, J. & Wippich, W. (1977 b). Lern- und Gedächtnispsychologie, Band 2. Stuttgart: Kohlhammer.

Buchner, A. (1993). Implizites Lernen: Probleme und Perspektiven. Weinheim: Psychologie Verlags Union.

Cohen, G. (1996²). Memory in the Real World. Hove, UK: Psychology Press.

Chincotta, D. & Underwood, G. (1997) in European Journal of Cognitive Psychology 9, 89–96.

Clauß, G., Kulka, H., Lompscher, J., Rösler, H.-D., Timpe, K.-P. & Vorwerg, G. (1976). Wörterbuch der Psychologie. Leipzig: VEB Bibliographisches Institut.

Craik, F. I. M. & Lockhart, R. S. (1972) in Journal of Verbal Learning and Verbal Behavior 11, 671–684.

Craik, F. I. M. & Watkins, M. J. (1973) in Journal of Verbal Learning and Verbal Behavior 12, 599–607.

Crystal, D. (1995). Die Cambridge Enzyklopädie der Sprache. Frankfurt a. M.: Campus.

Dahmen, K. (1986) in Zeitschrift für experimentelle und angewandte Psychologie 33, 194–207.

Delius, J. D. & von Fersen, L. (1996) in Albert & Stapf, 489–539.

Ehlers, A. (1996) in Margraf, 49–65.

Erdfelder, E. & Bredenkamp, J. (im Druck) in Memory & Cognition.

Gathercole, S. E. & Baddeley, A. (1993). Working Memory and Language. Hove, UK: Erlbaum.

Gewirtz, J. L. (1971) in R. Glaser (Hrsg.), The Nature of Reinforcement, 279–309. New York: Academic Press.

Gustavson, C. R., Garcia, J., Hankins, W. G. & Rusiniak, K. W. (1974) in Science 184, 581–583.

de Groot, A. D. (1965). Thought and choice in chess. The Hague: Mouton.

Grube-Unglaub, S., Bredenkamp, J., Vaterrodt-Plünnecke, B. & Fischer, V. (1995) in Zeitschrift für experimentelle Psychologie 42, 1–24.

Halisch, F. (1990) in H. Spada (Hrsg.), Lehrbuch Allgemeine Psychologie, 373–402. Bern: Huber.

Harlow, H. F. (1949) in Psychological Review 56, 51–65.

Hasher, L. & Griffin, M. (1978) in Journal of Experimental Psychology: Human Learning and Memory 4, 318–330.

Johnson, M. K. & Raye, C. L. (1981) in Psychological Review 88, 67–85.

Jones, J. V. (1982) in Acta Psychologica 50, 61–72.

Jones, M. C. (1924) in Journal of Experimental Psychology 7, 382–390.

Kendler, H. H. & Kendler, T. S. (1968) in K. W. Spence & J. T. Spence (Hrsg.), The Psychology of Learning and Motivation, Band 2. New York: Academic Press.

Kimble, J. A. (1961). Hilgard and Marquis' conditioning and learning. New York: Appleton Century Crofts.

Kinder, A. (1996). Assoziative und kognitive Prozesse bei der klassischen Konditionierung des Lidschlags. Lengerich: Pabst.

Kintsch, W. & Ericsson, A. (1996) in Albert & Stapf, 541–601.

Klix, F. (1971). Information und Verhalten. Bern: Huber.

Krasne, F. B. & Glanzman, D. L. (1995) in Annual Review of Psychology 46, 595–624.

Lepper, M. R., Greene, D. & Nisbett, R. E. (1973) in Journal of Personality and Social Psychology 28, 129–137.

Loftus, E. F. (1979). Eyewitness Testimony. Cambridge, Mass.: Harvard University Press.

Loftus, E. F. & Palmer, J. C. (1974) in Journal of Verbal Learning and Verbal Behavior 13, 585–589.

Lüer, G., Becker, D., Lass, U., Yunqiu, F., Guopeng, C. & Zhongming, W. (1996). European Psychologist (im Druck).

Margraf, J. (1996). Lehrbuch der Verhaltenstherapie. Band 1. Berlin: Springer.

McLaughlin, B. (1971). Learning and social Behavior. New York: The Free Press.

Mecklenbräuker, S., Wippich, W. & Bredenkamp, J. (1992). Bildhaftigkeit und Metakognitionen. Göttingen: Hogrefe.

Miller, G. A. (1956) in Psychological Review 63, 81–97.

Mineka, S. & Cook, M. (1993) in Journal of Experimental Psychology: General 122, 23–38.

Parkin, A. J. & Leng, N. R. C. (1993). Neuropsychology of the Amnesic Syndrome. Hove, UK: Erlbaum.

Pauli, P., Rau, H. & Birbaumer, N. (1996) in Margraf, 67–81.

Peterson, C. & Seligman, M. E. P. (1984) in F. E. Weinert & R. H. Kluwe (Hrsg.), Metakognition, Motivation, Lernen, 164–192. Stuttgart: Kohlhammer.

Peterson, L. R. & Peterson M. J. (1959) in Journal of Experimental Psychology 58, 193–198.

Rau, H. (1996) in Margraf, 415–422.

Reber, A. S. (1967) in Journal of Verbal Learning and Verbal Behavior 6, 855–863.

Reber, A. S. (1989) in Journal of Experimental Psychology 118, 219–235.

Rescorla, R. A. (1972) in G. H. Bower (Hrsg.), The Psychology of Learning and Motivation, Band 6. New York: Academic Press

Rotter, J. B. (1966) in Psychological Monographs 80 (Whole Number).

Rundus, D. (1971) in Journal of Experimental Psychology 89, 63–77.

Sanders, C. (1978). Die behavioristische Revolution in der Psychologie. Salzburg: Otto Müller.

Seligman, M. E. P. (1984) Erlernte Hilflosigkeit. München: Urban & Schwarzenberg.

Seligman, M. E. P. & Johnston, J. C. (1973) in F. J. McGuigan & D. B. Lumsden (Hrsg.), Contemporary Approaches to Conditioning and Learning, 69–110. New York: Wiley.

Skinner, B. F. (1938). The Behavior of Organisms. New York: Appleton Century Crofts.

Skinner, B. F. (1953). Science and Human Behavior. New York: Free Press.

Stein, B. S. (1978) in Journal of Verbal Learning and Verbal Behavior 17, 165–174.

Tulving, E. (1972) in E. Tulving & W. Donaldson (Hrsg.), Organisation of Memory, 381–402. New York: Academic Press.

Tulving, E. & Pearlstone, Z. (1966) in Journal of Verbal Learning and Verbal Behavior 5, 381–391.

Tulving, E. & Psotka, J. (1971) in Journal of Experimental Psychology 87, 1–8.

Tulving, E. & Thomson, D. M. (1973) in Psychological Review 80, 352–373.

Vaterrodt-Plünnecke, B., Krüger, T., Gerdes, H. & Bredenkamp, J. (1996) in Zeitschrift für experimentelle Psychologie 43, 483–519.

Watson, J. B. & Rayner, R. (1920) in Journal of Experimental Psychology 3, 1–14.

Weinert, S. (1991). Spracherwerb und implizites Lernen. Bern: Huber.

Wippich, W. (1984). Lehrbuch der angewandten Gedächtnispsychologie. Band 1. Stuttgart: Kohlhammer.

Wippich, W. (1985). Lehrbuch der angewandten Gedächtnispsychologie. Band 2. Stuttgart: Kohlhammer.

Wippich, W. & Mecklenbräuker, S. (1996) in Albert & Stapf, 727–764.

Sachregister

Buchanzeigen

C.H. Beck Wissen

Albrecht Beutelspacher
Geheimsprachen
Geschichte und Techniken
1997. 127 Seiten mit 11 Abbildungen. Paperback
(Beck'sche Reihe Band 2071)

Joachim Funke/Bianca Vaterrodt-Plünnecke
Was ist Intelligenz?
1998. 127 Seiten mit 11 Abbildungen und 4 Tabellen. Paperback
(Beck'sche Reihe Band 2088)

Peter Janich
Was ist Wahrheit?
Eine philosophische Einführung
1996. 133 Seiten. Paperback
(Beck'sche Reihe Band 2052)

Klaus Mainzer
Zeit
Von der Urzeit zur Computerzeit
2., durchgesehene Auflage. 1996.
144 Seiten mit 4 Abbildungen. Paperback
(Beck'sche Reihe Band 2011)

Wolfgang Mertens
Psychoanalyse
Geschichte und Methoden
1997. 128 Seiten. Paperback
(Beck'sche Reihe Band 2061)

Verlag C.H. Beck München

Naturwissenschaften bei C.H.Beck

Holk Cruse/Jeffrey Dean/Helge Ritter
Die Entdeckung der Intelligenz oder:
Können Ameisen denken?
Intelligenz bei Tieren und Maschinen
1998. Etwa 280 Seiten mit 71 Abbildungen. Gebunden

Randolph M. Nesse/Georg C. Williams
Warum wir krank werden
Die Antworten der Evolutionsmedizin
Aus dem Amerikanischen von Susanne Kuhlmann-Krieg
2. Auflage. 1998. 320 Seiten mit 11 Abbildungen
und 2 Tabellen. Gebunden

Reimara Rössler/Peter E. Kloeden
Das Thanatosprinzip
Biologische Grundlagen des Alterns
Unter Mitwirkung von Otto E. Rössler und
mit einem Vorwort von Peter Weibel
1997. 215 Seiten mit 13 Abbildungen. Gebunden

Dezsö Varju
Mit den Ohren sehen und den Beinen hören
Die spektakulären Sinne der Tiere
1998. 285 Seiten mit 34 Abbildungen, davon 9 in Farbe. Gebunden

Reinhard Werth
Hirnwelten
Berichte vom Rande des Bewußtseins
1998. 231 Seiten mit 11 Abbildungen. Gebunden

Verlag C.H.Beck München